돈으로 움직이는

교실 이야기

돈으로 움직이는 교실 이야기

—

2022년 1월 24일 1판 1쇄 발행
2022년 7월 11일 1판 2쇄 발행

—

지은이 옥효진
펴낸이 이상훈
펴낸곳 책밥
주소 03986 서울시 마포구 동교로23길 116 3층
전화 번호 02-582-6707
팩스 번호 02-335-6702
홈페이지 www.bookisbab.co.kr
등록 2007. 1. 31. 제313-2007-126호

—

기획 권경자
디자인 디자인허브

ISBN 979-11-90641-65-4 (03370)
정가 17,000원

책밥은 (주)오렌지페이퍼의 출판 브랜드입니다.

초등학교 교실에서 펼쳐지는 어린이를 위한 경제교육

옥효진 지음

책밥

아이들과 기싸움 하던 초보 교사,
교실 안에서 다른 꿈을 꾸다

서툰 신규 교사

고등학교 1학년 시절, 나는 아직 내가 어떤 직업을 갖고 싶은지 결정하지 못했습니다. 어째서인지 교복을 입기 시작했을 때부터 내 장래에 대한 이미지가 흐릿해졌습니다. 그러다 문득 친구들에게 문제 풀이 방법을 알려주며 가르치는 것에 즐거움을 느끼는 내 모습을 발견하게 되었습니다.

고등학교 2학년이 되면서 내 미래의 모습을 떠올릴 때 교사라는 이미지가 조금씩 그려지기 시작했습니다. 친구들에게 문제 푸는 방법을 가르치는 것이 재미있기도 했고, 결정적으로 교사라는 일이 누군가의 인생에 영향을 줄 수 있는 직업이라고 생각했기 때문입니다. 학창시절 어려운 시기가 닥쳤을 때 내 이야기에 귀를 기울여준 담임 선생님의 영향도 컸습니다. 교사라는 직업이 참 매력적으로 다가왔죠.

누군가의 삶에 위안이 되고 긍정적인 영향을 줄 수 있는 일

교사가 되어 어떤 아이들을 가르치면 좋을까 생각했을 때, 학습적인 면이 큰 비중을 차지하는 중·고등학교보다는 아이들의 인격과 성격이 형성되는 시기인 초등학교 아이들을 가르치고 싶다는 생각을 하게 되었습니다. 아이들의 삶에 조금이라도 좋은 영향을 주고 싶었던 거죠.

그렇게 목표가 정해지니 동기부여가 확실해졌고 성적도 덩달아 올랐습니다. 고등학교 3학년 2007년 대학수학능력시험을 치른 나는 그렇게 교대에 입학해 07학번 새내기가 되었고, 4년 뒤 드디어 바라던 초등학교 교사가 되었습니다.

부푼 꿈을 안고 한 초등학교에 첫 발령을 받은 나는 5학년 아이들과 함께하게 되었습니다. 5학년 2반이라서 제가 발령받기 전 아이들을 맡아주던 기간제 선생님이 '오이반'이라 이름 붙인 학급이었습니다.

어떤 일이든 그렇겠지만 신입 시절은 넘치는 열정에 비해 노하우가 없습니다. 그런데 그때 발령받기 전 선배 교사가 해준 말이 문득 떠올랐습니다.

처음 한 달은 아이들 앞에서 웃지 마라!

아이들 앞에서 기선제압을 해야 하니 웃으며 쉬운 모습을 보이지 말라는 것이었죠. 아이들에게 만만하게 보이면 1년 동안 힘들다는 뜻이기도 했습니다.

그래 웃지 말고 쉽게 보이지 말아야지.

아이들 앞에서는 무뚝뚝한 콘셉트를 유지하기로 마음먹었습니다. 무섭게 보여서 아이들이 선생님의 말을 잘 듣도록 해야겠다고 생각했던 것이죠. 얼굴은 무표정했고 목소리는 최대한 낮게 냈습니다. 말투도 굉장히 딱딱했습니다. 젊은 선생님을 만나 기대에 차 있던 아이들이 무뚝뚝한 선생님의 모습을 보고 긴장하는 게 보였습니다. 선생님의 첫인상을 적어내는 활동지에 '무섭다'라고 적어내는 아이들이 많았으니까요. 속으로 '성공이다'라고 생각했습니다.

그런데 시간이 어느 정도 지나면서 한 가지 문제가 생겼습니다. 스스로 무뚝뚝한 이미지에 갇혀버린 겁니다. 콘셉트로 잡았던 나의 모습이 교실에서의 내 모습으로 굳어지기 시작하니 이제는 웃음을 보이는 것이 이상한 일이 되어버렸습니다. 아이들이 재치 있고 재미있는 이야기를 해도 '웃지 말아야 한다'라는 생각을 먼저 하게 된 것이죠. 어쩌다 한 번 피식 웃음이 나오면 '오이반'은 축제 분위기가 되었습니다.

와!! 선생님이 웃었다!

그렇게 아이들 앞에서 웃음을 보이지 않으려 애쓰며 한 학기를 마무리 했습니다. 지금 생각하면 참 바보 같은 짓이었습니다. 생각보다 빠르게 지나가는 1년 중 절반을 아이들과의 기싸움에서 이겨야 한다는 잘 못된 방법을 선택한 채 흘려보냈습니다. 사실 무뚝뚝하고 엄한 선생님은 내 성격과도 맞지 않는 옷이었기에 2학기부터는 그 옷을 벗어버리기로 했습니다.

내가 생각한 것과는 다른 학교

교대생 시절에는 몰랐지만 학교에는 참 많은 업무들이 존재합니다. 물론 그런 업무는 교대에서 전혀 가르쳐주지 않기에 학교에 와서야 하나씩 배우게 되죠. 다행히 1년 차 때는 어려운 업무를 맡지 않았습니다. 신규이기도 했고 1년이 지나면 군 휴직이 예정되어 있었기 때문입니다. 처음으로 맡았던 '오이반'과의 1년을 마무리 짓고 2년간의 군 휴직을 거친 나는 다시 복직하게 되었습니다.

매년 학교에서는 업무분장을 새로 합니다. 각자 원하는 업무를 적어내고 조율하는 과정을 거치죠. 그런데 군 휴직 후 복직하고 보니 희망하는 업무를 적어낼 필요도 없이 내 업무는 이미 정해져 있었습니다.

희망 학년 또한 적어낼 필요가 없었습니다. 6학년으로 이미 정해져 있었기 때문입니다. 그렇게 어찌어찌 '사이다반' 친구들과 함께하는 교사로서의 생활이 다시 시작되었습니다.

2년간 휴직을 하고 돌아오니 다시 신규 교사가 된 것 같은 기분이었습니다. 학급 경영도, 수업 준비도, 업무 내용도 모조리 새로 시작이었죠.

다시 서툴게 하나하나 익혀가는 시간이 시작되었습니다. 하지만 아이들은 내 맘대로 움직여주지 않았습니다. 수업 시간에 불필요한 이야기를 하는 아이, 친구들을 이유 없이 건드리는 아이, 1교시가 지나 등교하는 게 일상인 아이, 욕을 입에 달고 사는 아이, 공격성이 강한 아이 등 지도해야 할 것들이 한두 가지가 아니었습니다.

얘들아, 선생님 바쁘니까 조금만 조용히 해줄래?

이런 상황이 반복되자 스스로 자책하게 되고 아이들에게도 예민해지기 시작했습니다. '이렇게 바쁜데 조금 얌전히 있어 주면 안 되는 건가' 하는 마음에 답답하기도 하고 짜증이 났습니다. 그리고 이렇게 아이들에게 신경질적으로 반응하는 내 모습이 부끄럽기도 했죠. 그렇게 또 후회로 가득한 1년이 지나갔습니다. 교사로서의 첫 두 해가 아쉬움과

후회로 남은 채 흘러갔습니다.

복직 후에 맡은 6학년 아이들을 졸업시키고는 4학년 아이들과 2년을 함께했습니다. 그래도 이전보다는 업무나 아이들을 지도하는 데 나름의 노하우나 요령이 생기기 시작했고 이전보다는 여유가 많이 생겼습니다. 아이들을 둘러볼 여력도 생기기 시작했죠. 그래도 여전히 학교에 가는 게 즐겁지 않았습니다. 아이들과 어떻게 지내고 학급을 어떻게 경영해야 할지에 대한 고민보다는 업무 처리에 대한 생각이 먼저이다 보니 3년 동안 학급에 대한 고민을 많이 하지 못했습니다. 스스로도 학급 경영에 대한 자신감이 별로 없었습니다. 그저 하루하루 무사히 보내면 좋겠다는 생각으로 학교생활을 이어갔습니다. 그렇게 1년 차에 근무했던 10개월과 군 휴직 2년을 포함 6년 만에 학교를 옮기게 되었습니다.

두 번째 학교에서는 일부러 체육 전담을 지원했습니다. 학급 경영에 대한 부담감이 덜하기 때문이죠. 규모가 큰 학교라 이전에 혼자 하던 체육 관련 업무를 3명이 나눠 하게 되니 업무 부담도 1/3로 줄어 이전에 비해 마음에 여유가 생기기 시작했습니다. 그러면서 아이들과 함께 할 만한 나만의 학급 경영에 대해 고민하게 되었습니다. 그렇게 교사 생활을 시작하고 6년이 지나서야 경제·금융교육의 첫걸음이 된 '돈으로 움직이는 교실 이야기'의 시작을 그려보게 되었습니다.

이 책의 내용들은 아이들과 기싸움하던 초보 교사가 작은 사회라 일컬어지는 학교 교실 안에서 우리 아이들이 좀 더 다양한 경험을 하면 좋지 않을까란 생각을 하면서 출발하게 되었습니다. 부디 이 책이 다양한 학급 경영을 고민하는 나와 같은 교사와 아이들의 학습 방향에 관심을 갖고 있는 교육계 종사들에게 조금이나 도움이 되길 바랍니다. 끝으로 이 책을 집필하는 과정에서 많은 도움을 준 동료 교사들과 사랑하는 가족에게 감사하다는 말을 전하고 싶습니다.

2021년 겨울의 문턱에서

옥효진

"진정한 교육은 양동이에 물을 채우는 것이 아니라
아이들 마음에 불을 지피는 것이다!"

"Education is not the filling of a pail, but the lighting of a fire!"

_윌리엄 버틀러 예이츠(W. B. Yeats, 시인 겸 극작가)

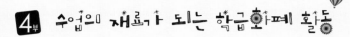

4부 수업의 재료가 되는 학급화폐 활동

1부

내가 아이들에게
세금을 걷는 ₩이유

이도 저도 아닌 교사는 되지 말자

다시 담임 맡고 싶다!

/

첫 부임지를 떠나 새로 옮긴 학교에서 2년 동안 체육 전담을 맡았습니다. 이전 학교에 비해 업무 부담도 적었고 수업 부담도 줄었습니다. 그런데 사람이 참 간사한 게 내가 갖고 있지 못한 게 그리워지기 시작했습니다. 바로 '우리 반 아이들'이었죠. 전담을 하면서 아이들이 내 품에 들어오지 않는다는 생각이 많이 들었습니다. 그도 그럴 것이 같은 반 아이들을 일주일에 많아야 두 번밖에 보지 못하기 때문이죠. 정해진 수업을 마치고 나면 아이들을 볼 일이 없다 보니 우리 교실에서 우리 반 아이들과 지지고 볶으며 미운 정 고운 정을 쌓던 때가 그리워졌습니다. 그러면서 이런 생각이 들기 시작했습니다.

아, 다시 담임 하고 싶다!

이전처럼은 하기 싫어!

/

다시 담임을 해야겠다는 생각을 하자 한 가지 걱정되는 것이 있었습니다.

이전과 똑같지 않을까?

이제는 더 이상 신규라는 이름표 뒤에 숨어 '서툶'에 대해 이해받을 수 있는 경력이 아니게 되었습니다. 근무한 경력만 따져도 6년이 되었으니 내 교육 철학이나 방법이 명확히 없다면 부끄러울 것 같았고 이전과 똑같은 1년이 반복될 것 같았습니다. 그리고 주변 동기들은 교사로서 무언가 자신만의 색깔을 찾아가는데 나만 뒤처져 있다는 생각이 들기도 했습니다.

이전처럼 말고 나만의 색깔 있는 학급 경영을 해보자.

이런저런 고민을 하다가 주말에 우연히 다큐멘터리의 한 장면을 보게 되었습니다. 미국의 한 초등학교 교실의 이야기였죠. 교실에서 아이들이 직업을 갖고 교실에 있는 화폐로 월급을 받고 자리를 구매하거나 물건을 구매하는 모습이었습니다. 그때 그 교실이 참 재미있어 보인다는 생각이 들었습니다.

저렇게 우리 교실을 꾸며보면 어떨까?

마침 교사로서 첫발을 내딛었던 '오이반'에서 칭찬 통장이라는 것을 쓰고 있었습니다. 아이들이 칭찬받을 행동을 했을 때 칭찬 포인트를 주고 모은 포인트로 과자나 쿠폰을 교환해 쓸 수 있는 시스템이었죠. 이것을 기반으로 확장시킨다면 다큐멘터리 속 활동이 우리 교실에서도 가능하겠다는 생각이 들었습니다. 그렇게 아이들에게 '돈'에 대해서 가르치는 교실을 만들어봐야겠다는 생각을 하게 되었습니다. 그런데 이렇게 돈에 대해 가르치는 교실이 끌렸던 이유가 하나 더 있습니다. 바로 경제에 대해 무지했던 나의 사회초년생 시절이 떠올랐기 때문이죠.

경제를 모르는 경제 1등급

내가 아는 것은 저축뿐인데…

교육 관련 영상들을 많이 보았지만 유독 '돈'에 대해 알려주는 활동을 해봐야겠다고 생각하게 된 것은 내가 사회초년생 시절 겪었던 경험이 큰 작용을 했습니다.

교사가 되고 한 달, 첫 월급을 받았습니다. 월급을 받고 가장 먼저 한 일은 함께 마음고생을 한 부모님에게 선물과 맛있는 식사를 대접하는 것이었습니다. 친구들 중 가장 먼저 취직에 성공했기에 그들을 만나 월급 턱을 쏘기도 했습니다. 그렇게 첫 월급을 한 푼도 남김없이 다 써버렸습니다. 애초에 '첫 월급은 저축하지 않고 다 쓴다'라는 생각을 가지고 있었기에 망설임도 없었습니다. 임용시험으로 고생한 나에게 주는 보상이었습니다. 그리고 그다음 달부터는 대부분의 사회초년생이 그렇듯 어머니가 강조한 대로 적금을 들었습니다. 아무것도 모르는 내가 하는 것보다 어머니가 관리하는 게 좋을 것 같아 통장도 어머니에게 맡겼습니다. 매달 120만 원, 월급의 60%가 넘는 돈이었지만 돈 관리에 대한 감각이 없기도 했고 소비를 많이 하는 성향이 아닌지라 남는 돈으로 그럭저럭 생활했습니다. 그렇게 1년이 지나고 군 휴직에 들어갔습니다. 2014년 복직을 했고 복직하면서 월급 관리를 어머니에게 맡기지 않고 스스로 하게 되었습니다. 복직 후 첫 월급을 받고 '돈 관리를 어떻게 해야 하나?' 생각했습니다. 사실 '돈 관리'라기보다는 '돈을 모아야겠다'라고 생각했다는 게 더 맞을 것 같습니다. 그리고 돈을 모으는 방법에 대해 생각했을 때 머릿속에 떠오르는 것은 하나뿐이었습니다.

저축을 해야겠다!

정기예금을 모르는 수능 경제 1등급

/

땡그랑 한 푼, 땡그랑 두 푼,
벙어리 저금통이 아이구 무거워.
하하하하
우리는 착한 어린이
아껴 쓰고 저축하는 알뜰한 어린이

동요 〈저금통〉의 가사입니다. 초등학교 저학년 시절부터 듣고 불렀던 노래니 적어도 20년은 넘게 들어온 동요인 것 같습니다. 돈 관리에 있어서 저축과 절약이 기본이 된다는 것을 이 노래를 통해 배웠다고도 할 수 있습니다. 누군가가 '저금통에 저금하는 것보다 은행에 저금하는 게 이자를 받을 수 있으니 더 좋은 것 아니냐?'고 묻는다면 2절 가사에는 통장을 만들어 은행에 방문하는 모습이 나옵니다. 그런 점에서 이 노래는 정말 경제·금융교육의 첫걸음이 되는 아주 잘 만든 노래라는 생각이 듭니다. 20년 전부터 그러니까 유아, 초등학교 저학년 시절부터 나는 경제·금융교육을 받고 있었던 것이기 때문이죠. 하지만 그게 전부입니다. 조금 과장을 보태자면 우리가 초·중·고등학교 그리고 고등교육인 대학교 과정을 모두 졸업하며 받은 경제·금융교육은 동요 〈저금통〉에서 끝이 났습니다.

〈저금통〉을 통해 배운 대로 복직 후 받은 월급 중 100만 원씩을 1년짜리 적금에 가입했습니다. 1년 후 1,200만 원의 원금에 이자를 더해 만기가 된 돈을 찾았죠. 그때 당시 20만 원 정도 되는 이자를 받았던 것으로 기억합니다. 그렇게 큰돈은 아니었지만 돈에 시간이 더해져 처음으로 1,000만 원이 넘는 돈을 만져보니 굉장히 뿌듯했습니다. 그런데 새로운 물음이 하나 생겼습니다.

이제 이 돈을 어떻게 해야 하지?

무작정 저축해야겠다는 생각에 저축을 했고 만기가 되었을 때 막상 돈을 받으니 이걸 어떻게 해야 할지 감이 잡히지 않았습니다. 내가 아는 건 저축뿐이었으니까요. 그래서 스물다섯의 사회초년생은 새로운 적금에 가입했습니다. 매달 200만 원씩 넣는 1년짜리 적금 상품이었습니다. 월급이 200만 원 남짓이었는데 어떻게 매달 200만 원을 넣었을까요? 그건 어렵지 않았습니다. 매달 나오는 월급에서 100만 원을 그리고 만기가 되어 자유입출금 통장에 그대로 넣어둔 1,200만 원의 돈에서 100만 원을 가져와 200만 원을 만들었습니다. 지금 생각해보면 참 바보 같은 짓입니다. 만기 된 1,200만 원을 쪼개서 적금에 쓸 게 아니라 그 돈을 그대로 정기예금 상품에 가입했더라면 단 몇만 원이라도 이자 수익을 더 낼 수 있었을 것이기 때문이죠. 그리고 자유입출금 통장에 있던 돈을 그렇게 야금야금 쓰지 않을 수 있었을 것입니다. 하지만 그때의 나에겐 어떻게 보면 당연한 선택이었습니다. 왜냐고요? 스물다섯의 나는 정기예금이라는 것이 있다는 것도 정기예금과 정기적금이 어떻게 다른지도 몰랐기 때문입니다. 저축을 해야 한다는 것은 알고 있었지만 저축의 종류에는 무엇이 있고 어떻게 다른지는 전혀 알지 못했습니다. 이것이 바로 내가 나의 경제·금융교육이 〈저금통〉에서 끝났다고 말하는 이유입니다. 그런데 여기서 한 가지 어처구니없는 사실은 내가 2007년 대학수학능력시험 사회탐구 경제 과목에서 1등급을 받은 사람이라는 것입니다. 저축의 종류도 모르는 경제 1등급이라니 참 황당합니다.

왜 학교에서 가르쳐주지 않는 거야?

/

우리는 살아가며 다양한 경제개념들과 마주하게 됩니다. 저축, 이자, 투자, 세금, 신용점수 등등 경제라는 것은 우리의 삶과 직접적으로 맞닿아 있습니다. 그러면 이런 내용들을 어디서 어떻게 배우는지 떠올려 봅시다. 아마 대부분의 사람들이 직접 부딪히며 배우고 있을 것이라 생각합니다. 월급을 받고 월급명세서를 받아보고 나서야 소득세를 떼어간다는 것을 알고 원천징수, 실수령액의 의미도 알게 됩니다. 적금이나 예금의 만기가 되어 이자를 받아봐야 쥐꼬리만 한 이자에서도 세금을 떼간다는 것을 알게 됩니다.

이렇게 대부분의 사람이 연습의 기회 없이 실전에 뛰어들어 때로는 생채기를 입으며 '돈'에 대해 배우고 있습니다. 초등학교 6년, 중학교 3년, 고등학교 3년, 대학교 4년 총 16년 동안 학교를 다닌 내가 그랬습니다. 그렇게 연습의 기회도 없이 실전에 내던져진 우리는 모든 것에 대한 선택을 직접 해야 했습니다. 그리고 그 책임도 이제는 오롯이 나에게 있었죠.

이제 어른이 됐으니 다 잘할 수 있지?

사회는 이렇게 이야기하는 듯했습니다. 그리고 사회의 말을 들은 내 머릿속에 이런 생각이 들었습니다.

왜 이런 걸 학교에서 가르쳐주지 않는 거지?

성실하게 의무교육을 마쳤는데 삶을 살아가는 데 필요한

어느 정도의 힘은 갖춰져야 하는 것 아닌가?

왜 지금부터 다시 시작해야 하는 거지?

수학공식을 외우는 것보다 필요한 건 돈 관리를 어떻게 하는가에 대해 아는 것이었습니다. 우리에게 필요한 건 등비수열을 이용해 복리와 단리의 이자를 계산하는 것이 아니라 복리가 얼마나 큰 힘을 갖는지였습니다.

학교에서는 우리 삶에 필요한 경제·금융지식들을 알려주지 않았습니다. 그래서 우리는 잘 모릅니다. 만약 집에서 부모님에게 경제와 금융에 대한 것들을 배웠다면 행운아라고 이야기해주고 싶습니다. 본인이 실전에서 여러 시행착오를 거치며 경험해온 것들을 자녀들에게 가르쳐주고 있는 것이기 때문이죠. 하지만 대부분의 가정에서는 '경제공부'를 자녀들에게 제대로 시키지 못했습니다. 사실 아이들에게 경제·금융교육을 하지 않고 있는 부모님들도 '돈'에 대해, 즉 경제와 금융에 대해 가르쳐야 한다는 것을 알고 있습니다. 하지만 어떻게 가르쳐야 하는지 알지 못합니다. 그 이유는 부모님들도 경제와 금융에 대해 배운 적이 없기 때문입니다. 학교에서도 가정에서도 돈에 대해 제대로 배우지 못한 채 우리는 정글 같은 사회로 내던져지고 있는 것이죠.

초등학생들도 경제에 대해 배운다!

/

사실 지금은 초·중·고 교육과정에서 경제와 금융에 대해 가르치고 있습니다. 초등학교에서도 경제와 관련된 성취기준, 단원들이 교육과정에 마련되어 있습니다. 내가 가르치는 초등학교의 경우 사회와 실과에 경제관련 내용을 담고 있습니다. 2015 개정교육과정의 사회교과 성취기준 중 경제영역과 관련 있는 성취기준을 살펴보면 다음과 같습니다.

> **[4사04-03]** 자원의 희소성으로 경제 활동에서 선택의 문제가 발생함을 파악하고, 시장을 중심으로 이루어지는 생산, 소비 등 경제 활동을 설명한다.
>
> **[4사04-04]** 우리 지역과 다른 지역의 물자 교환 및 교류 사례를 조사하여, 지역간 경제 활동이 밀접하게 관련되어 있음을 탐구한다.
>
> **[6사06-01]** 다양한 경제 활동의 사례를 통해 가계와 기업의 경제적 역할을 파악하고, 가계와 기업의 합리적 선택 방법을 탐색한다.
>
> **[6사06-02]** 여러 경제 활동의 사례를 통하여 자유경쟁과 경제 정의의 조화를 추구하는 우리나라 경제체제의 특징을 설명한다.
>
> **[6사06-03]** 농업 중심 경제에서 공업·서비스업 중심 경제로 변화하는 모습을 중심으로 우리나라 경제성장 과정을 파악한다.
>
> **[6사06-04]** 광복 이후 경제성장 과정에서 우리 사회가 겪은 사회 변동의 특징과 다양한 문제를 살펴보고 더 나은 사회를 만들기 위하여 해결해야 할 과제를 탐구한다.
>
> **[6사06-05]** 세계 여러 나라와의 경제 교류 활동으로 나타난 우리 경제생활의 변화 모습을 탐구한다.
>
> **[6사06-06]** 다양한 경제 교류 사례를 통해 우리나라 경제가 다른 나라와 상호 의존 및 경쟁 관계에 있음을 파악한다.

● 출처: 국가교육과정정보센터, 2015 개정교육과정 사회과 '경제'관련 성취기준

성취기준을 정리하며 먼저 든 생각은 생각보다 경제관련 성취기준이 많다는 것이었습니다. 4학년과 6학년에 걸쳐 경제관련 성취기준이 마련되어 있습니다. 하지만 성취기준을 하나하나 살펴보면서 이런 생각이 들었습니다.

이런 내용들이 아이들의 삶과 관련이 있나?

경제와 관련된 성취기준을 보면 그 단위가 지역, 국가, 세계로 설정되어 있습니다. 거시경제도 분명 경제라는 영역에서 중요한 내용이지만 국가 단위의 경제관련 내용에 대해서만 초등학교 교육과정에서 다루고 있다는 사실이 너무 아쉬웠습니다. 물론 가계의 합리적인 선택 방법을 탐색한다는 성취기준이 있기는 하지만 이 내용만으로는 부족하다는 생각이 듭니다. 특히 우리나라의 경제성장 과정을 이야기하는 부분에서는 이제 경제에 대해 첫걸음을 떼는 아이들에게 경제가 암기해야 하는 내용들로 느껴지지 않을까 하는 걱정이 들었습니다. 그리고 사회과에서 제시하고 있는 성취기준에 아이들이 도달하더라도 예금과 적금의 차이, 이자의 의미, 내가 번 돈을 관리하는 방법에 대해 배우지 못한 채 사회에 나온다는 것은 바뀌지 않습니다. 우리나라의 경제발전사에 대해서는 이야기할 수 있지만 내 돈을 어떻게 관리해야 하는지는 알지 못한다니 첫 월급을 받고 어쩔 줄 몰라 했던 내 모습이 떠올랐습니다.

[6실03-03] 용돈 관리의 필요성을 알고 자신의 필요와 욕구를 고려한 합리적인 소비생활 방법을 탐색하여 실생활에 적용한다.

● 출처: 국가교육과정정보센터, 2015 개정교육과정 실과 '경제'관련 성취기준

그나마 실과에서는 아이들의 실제 금융생활과 관련 있는 용돈 관리의 필요성에 대한 성취기준이 마련되어 있습니다. 하지만 이 내용은 교과서상 차시로 따지면 2~3차시 분량에 불과합니다. 용돈 관리라는 단원이 있는 것이 아니라 자원 관리 단원의 한 부분으로 용돈 관리 내용이 나오고 있기 때문이죠. 그리고 5학년 아이들과 해당 성취기준에 대한 용돈 관리 수업을 할 때 아이들이 한 말이 수업을 진행해야 하는 교사를 당황하게 만들었습니다.

선생님, 저 용돈 받아본 적 없는데요?

교과서로 하는 공부 말고…

/

이런저런 이유로 아이들에게 돈에 대해 가르치는 교실을 만들어보겠다고 생각하고는 그 방법을 고민하며 몇 가지 기준을 세웠습니다. 그 기준은 실생활과 관련 있는 교육, 이론이 아닌 체험위주의 교육, 지속적인 교육, 즐거운 교육이어야 한다는 것이었죠.

먼저 실생활과 관련 있는 경제교육을 해야겠다고 생각했습니다. 수능 경제과목 1등급을 받고도 예금과 적금의 차이를 알지 못했던 나의 모습을 떠올리며 교과서 속 경제 이야기가 아니라 아이들이 앞으로 살아가게 될 삶과 관련 있는 경제교육 내용들을 다루기로 한 것이죠.

두 번째로 이론이 아닌 체험위주의 교육을 해야겠다고 생각했습니다. 학교에서 이루어지는 교육 활동 중 아이들이 참 좋아하는 활동이 있습니다. 바로 키자니아, 잡월드 같은 체험형 직업 테마파크죠. 또는 학교로 찾아오는 직업체험교실도 즐겁게 참여합니다. 학교에서 교과서로 공부할 때와 달리 아이들은 직접 경험하고 체험하는 활동을 할 때 훨씬 적극적으로 참여합니다. 키자니아와 같은 체험형 직업 테마파크에서 아이들은 직업체험을 하고 포인트를 모아 자신이 원하는 무언가로 교환하며 즐겁게 활동에 참여합니다. 그래서 교실 속 경제교육도 직접 체험하는 활동으로 구상해야겠다고 생각했습니다.

세 번째로 지속적인 교육이 되길 바랐습니다. 금융기관이나 국세청 등 정부기관에서 실시하는 찾아가는 금융교실 수업이 종종 이루어집니다. 하지만 모든 학교나 학급이 기회를 갖기는 어려운 것이 현실입니다. 그리고 수업 중 이루어지는 일회성 활동이나 수업들로 아이들의 경제공부는 부족할 것이라 생각했습니다. 그래서 하루나 한 주로 끝나는 교육이 아니라 아이들과 1년 동안 함께하는 활동으로 구상하려 했습니다.

마지막으로 즐거운 교육이 되기를 원했습니다. 기존의 교육과정에 추가적으로 하는 활동이 될 수밖에 없기 때문에 아이들에게 경제공부가 또 하나의 과목이나 공부하는 시간으로 느껴지지 않아야 한다고 생각했습니다. 공부하는 게 아니라 놀이하는 동안 자연스럽게 배움이 이루어지는 활동으로 구상하고 싶었죠.

이렇게 여러 기준을 세워두고 활동을 하나씩 고안해나가기 시작했습니다. 이것저것 생각할 것이 많아 하루아침에 완성되지는 않았습니다. 그래도 하루하루 짬이 날 때 빈 공책들을 꺼내 이것저것 기록하기 시작했습니다. 잠이 들기 전 머릿속으로 어떻게 활동을 꾸려갈지 생각하기도 했습니다. 그렇게 몇 개월이 지나 어느 정도 활동의 윤곽이 그려지기 시작했습니다. 그리고 활동에 이름도 붙여 보았습니다.

학급화폐 활동

● 학급화폐 '미소'

초등 교사의 근무환경과 창의성

초등 교사에게는 개인 사무실이 있다!

이렇게 돈에 대해 가르치는 활동을 구상할 수 있었던 것은 초등 교사라는 직업이 가지는 근무환경의 특징 때문에 가능했습니다. 초등 교사의 근무환경에는 몇 가지 특징들이 있습니다. 보람찬 일이다, 귀여운 아이들과 함께한다, 안정적이다, 내 말을 잘 들어주는 사람들과 함께한다, 여러 가지가 있겠지만 내가 생각하는 가장 큰 특징이자 장점이 하나 있습니다.

개인 사무실을 쓴다.

초등학교에서 담임 교사는 교실에 상주하고 있습니다. 교무실에서 생

●개인 사무실을 쓰기 때문에 졸업식 뒷정리도 교사의 몫

활하는 중학교, 고등학교와는 차이가 있죠. 한 과목만 담당하는 중학교, 고등학교와 달리 초등학교는 담임 교사가 교실에서 아이들과 하루 종일 함께합니다. 전담 과목이 있긴 하지만 아이들은 대부분의 수업을 담임 교사와 함께합니다. 학교와 학년에 따라 다르지만 대부분 일주일에 20시간 이상의 수업을 함께하는 셈이죠. 그래서 초등학교에는 교사의 책상이 교실에 있습니다. 아이들이 하교하더라도 교사는 교실에서 업무를 봅니다. 동학년 선생님들과 함께 모여 상의하는 때도 있지만 대부분의 시간을 교실에서 반 아이들과 함께하거나 혼자서 우리 반 일들을 처리합니다. 상당히 독립적인 환경에서 근무하고 있다고 볼 수 있죠.

안일함과 나태함 vs 자율성과 창의성

/

이렇게 독립적이고 개별적으로 근무하는 상황이다 보니 개인 사무실을 쓴다는 특징이 두 가지 방향으로 작용할 수 있겠다는 생각이 들었습니다. 하나는 안일함과 나태함으로 작용하는 것이고, 또 다른 하나는 자율성과 창의성으로 작용하는 것이죠.

우리 반의 수업은 학부모 공개수업이나 동료장학 수업과 같은 때가 아니면 다른 사람에게 보여지는 경우가 거의 없습니다. 내가 수업을 하고 있을 때 다른 반 선생님도 수업을 하고 있기 때문에 각 교실에서 어떻게 수업이 이루어지는지 서로 확인하기가 어렵죠. 그런데 이러한 특징이 자칫 교사가 안일해지고 나태해지도록 만들 수 있겠구나 하는 생각이 들었습니다. 수업을 대충하더라도 다른 사람이 알기 어려운 상황이니 말이죠.

하지만 반대로 생각할 수도 있겠다 싶었습니다. 교사가 혼자 수업과 학급 경영을 책임지고 있다는 것은 어떻게 보면 굉장한 자율성을 가지고 있는 것으로 볼 수 있었죠. 일반 기업에서 신입이 하나의 프로젝트를 도맡아 진행하는 것은 쉽지 않은 일입니다. 하지만 담임을 맡은 교사는 자신이 하고자 하는 교육법이나 활동이 있다면 얼마든지 적용해 볼 수 있습니다. 이 자율성을 바탕으로 자신의 창의성을 발휘할 수 있는 환경이 마련되어 있는 것이죠. 물론 많은 자율성이 보장되는 만큼 책임도 뒤따릅니다. 1년 차 교사든 30년 차 교사든 한 반을 맡아 책임지고 1년 동안 해야 하는 일들은 거의 같기 때문이죠.

개인 사무실을 쓴다는 특징이 작용할 수 있는 안일함과 나태함, 그리고 자율성과 창의성, 이 상반되는 두 선택지 중에 하나를 골라야 한다면 답은 이미 정해져 있었습니다.

이도 저도 아닌 교사는 되기 싫어!

아이들에게 돈에 대해 가르치자

아이들에게 돈을 가르쳐도 될까?

아이들에게 돈에 대해 알려주는 학급화폐 활동을 시작하겠다고 마음 먹은 뒤 한 가지 걱정이 생겼습니다. 다름이 아니라 하고자 하는 활동의 소재가 '돈'이라는 것이었습니다. 우리 사회는 돈에 대해 금기시하는 문화가 있습니다. '어린 게 벌써부터 돈 이야기야!'라든지 '돈을 밝힌다'고 하는 말에서도 알 수 있듯이 돈에 대해 이야기하는 사람을 속물처럼 생각하는 경우가 많죠.

교실에서 아이들과 함께하고 있는 학급화폐 활동과 관련해 신문 인터뷰를 몇 번 한 적이 있습니다. 대부분 경제교육의 필요성에 대해 공감하는 댓글들이 달리지만 가끔 이런 댓글이 달리기도 합니다. '어릴 때는 돈보다는 인성교육을 해야지.' 이런 댓글들을 보며 '돈과 인성을 마치 대척점에 위치한 것으로 생각하는 사람이 있구나' 하는 생각이 들었습니다.

교실에서 학급화폐 활동을 통해 하고자 하는 경제·금융교육은 아이들에게 '돈이 최고다'라는 것을 알려주기 위한 것이 아닙니다.

돈에 대해 제대로 알아야 하고 돈 관리를 해야 한다!

학급화폐 활동은 돈을 제대로 알도록 하는 경제·금융교육입니다. 그리고 돈에 대해 가르친다고 아이들에게 인성지도를 하지 못하는 것도 아닙니다. 학급화폐 활동이 추구하는 목적은 인성교육이나 아이들이 꿈을 찾는 것 대신 돈에 대해서 가르치자는 것이 아닙니다. 인성교육, 꿈을 찾는 교육과 함께 돈에 대한 공부, 즉 경제·금융교육도 하자는 것입니다.

그동안 우리는 돈에 대해 제대로 배우지 못했고 우리 아이들에게도 가르치지 않았습니다. 그렇기에 사회초년생부터 신용불량자가 되는 사람, 과시욕에 사로잡혀 사치를 하는 사람, 제대로 된 돈 관리를 하지 못해 절망에 빠지는 사람이 생겨나는 것 아닐까요? 오히려 돈에 대해 가르치며 돈에 휘둘려 삶이 어려워지는 것을 막을 수 있도록 해야 하지 않을까요?

'어릴 때는 돈보다는 인성교육을 해야지'라고 댓글을 달아준 사람들에게 묻고 싶습니다. 그동안 우리가 돈에 대해 제대로 가르치지 않았기 때문에 '돈'으로 인한 사회적 문제들이 발생하는 것은 아닐까 하고 말이죠.

첫술에 배부를까!

/

2019년에 학급화폐 활동을 처음으로 도입했습니다. 혼자서 구상한 활동이기에 반신반의 상태에서 진행했죠. 첫술에 배가 부를 수는 없을 거라 생각했기에 차근차근 시작해보기로 했습니다.

첫해는 절반의 성공이었습니다. 물가 관리 등에 대해서 생각하지 못해 어려움을 겪기도 했고 구성해둔 활동에 허점들이 있어 활동을 해나가며 수정·보완하기도 했습니다. 하지만 활동을 하며 아이들이 공통적으로 해준 말이 있었습니다. 이 말 덕분에 이 활동을 1년으로 마치지 않고 계속 해봐야겠다고 생각했습니다.

선생님! 재미있어요!

뜻밖의 보상이 찾아오다!

/

활동을 시작했던 2019년 9월 즈음 우연히 인터넷에서 어떤 소식을 접하게 되었습니다. 바로 '2019 경제교육대상 시상식'을 개최한다는 소식이었습니다. 처음 활동을 도입했지만 어느 정도 성과가 있었기에 한번 지원해보기로 마음먹었습니다. 그동안 활동했던 자료들을 정리하고 활동 내용들을 문서로 작성했습니다. 교장, 교감선생님에게 지원내용에 대해 이야기하고 학교장의 직인도 받았습니다. 그렇게 지원을 마치고 몇 주 뒤, 별 기대 없이 수상자 명단을 살펴보았습니다.

대한상공회의소장상 교사 옥효진

명단을 확인하고 얼떨떨한 기분이었습니다. 상을 받게 되더라도 장려상 정도를 기대했는데, 두 번째로 높은 상을 받게 될 줄은 몰랐기 때문이었죠. 활동을 준비하고 운영하며 보낸 시간들이나 노력에 대한 보상을 받았다는 생각에 기분도 좋았습니다. 다른 사람들이 보기에도 이 활동이 괜찮은 활동이구나 하는 자신감도 들었습니다.

즐거웠던 활동, 여러분도 해보세요!

/

처음 시작한 활동이지만 어느 정도의 성과를 남긴 채 '활명수(활기차고 명랑한 수다쟁이들)' 친구들과의 한 해를 마무리해야 하는 2월이 찾아왔습니다. 그리고 내년에도 이 활동을 계속 이어가도 괜찮겠다는 확신도 생겼죠. 개인적으로도 만족했고 아이들도 즐거워했기에, 그리고 상을 수상했기에 다른 교사들에게 이 활동을 추천해보고 싶다는 생각이 들었습니다. 그래서 블로그를 개설하고 활동방법을 소개하는 글을 쓰기 시작했죠. 그런데 글을 쓴다는 것이 생각보다 쉽지 않았습니다. 글 쓰는 솜씨가 부족해서인지 담고자 하는 내용이 다 담기지 않는다는 아쉬움도 있었습니다. 그리고 무엇보다 열심히 정리한 내용을 봐주는 사람이 별로 없었습니다.

● 학급화폐 활동의 소개글을 올린 블로그

그래서 방법을 바꿔보기로 했습니다. 여행이나 일상 기록을 영상으로 남기는 취미를 갖고 있었는데, 활동을 소개하는 방법으로 영상을 만들어보자는 생각을 하게 된 것이죠. 하지만 영상을 만들기 위해 이 활동을 운영한 것은 아니기 때문에 남아있는 영상자료가 하나도 없었습니다. 그래서 졸업을 앞둔 아이들 몇 명과 방과 후에 남아 활동을 소개하는 영상들을 별도로 제작하기 시작했죠. 이렇게 학급화폐 활동을 다른 사람들에게 소개하기 위한 유튜브 활동을 시작하게 되었습니다. 유튜브에 학급화폐 활동을 소개하는 영상을 올리기 시작한 건 바로 이 마음에서부터 시작되었죠.

이 활동 재미있어요. 저는 이런 활동을 하고 있는데 선생님들도 괜찮아 보이면 한 번 해보세요!

● 유튜브 채널 〈세금 내는 아이들〉 배너

'학급화폐 활동' 경제공부의 첫걸음

아이가 야구에 관심을 갖고 좋아하도록 하기 위해서 가장 먼저 해야 할 일은 무엇일까요? 야구공을 손에 쥐어 주고 만져보도록 하는 것입니다. 야구공을 만져본 이후 공을 가지고 자유롭게 놀 수 있도록 하면 자연스레 야구공과 친해질 것입니다. 이렇게만 되면 야구에 흥미가 생기고 스스로 야구에 관심을 갖게 되겠죠.

돈에 대한 교육도 마찬가지입니다. 우선 아이들이 경제와 금융, 돈이라는 것에 흥미를 갖고 재미있는 것으로 느끼도록 해야 합니다. 경제와 금융에 재미를 느끼고 관심을 갖도록 하는 것이 '학급화폐 활동'이라고 생각했으면 좋겠습니다. 이미 금융생활을 많이 경험한 교사 입장에서 모든 경제·금융 내용을 아이들에게 알려주겠다고 생각한다면 오히려 아이들은 더 공부해야 한다는 생각에 거부감을 갖게 될 수도 있습니다. 저 또한 아이들에게 알려주고 싶은 내용은 너무나 많지만 학급 전체 아이들이 함께할 수 있는 활동을 만들기 위해 활동의 종류나 수준을 조절하고 있습니다.

● 학급화폐 활동에 참여한 학생의 일기

1년 동안의 학급화폐 활동을 통해 아이들에게 모든 경제 내용을 이해시킨다는 생각으로 활동을 이끌어가지는 않습니다. 학급화폐 활동의 첫 번째 목적은 아이들이 경제를 재미있는 것으로 느끼고 관심을 갖도록 하는 것입니다.

2부

교실 속 경제 활동

교실 속 경제교육 어떻게 준비할까

학급화폐 활동이라 이름 붙인 교실 속 경제교육을 시작하기 위해서는 기본적으로 준비해야 할 것들이 있습니다. 기존의 교실에서 이루어지는 활동과는 다른 활동이기에 추가적인 준비가 필요한 것이죠. 지금부터는 학급화폐 활동을 위해 기본적으로 준비해야 할 것들에 대해 정리해보도록 하겠습니다.

나라 만들기

/

학급화폐 활동에서 한 교실은 마치 하나의 나라처럼 돌아갑니다. 규모의 차이는 있지만 학생들이 서로 다양한 경제 활동을 하며 상호작용하는 모습을 보고 있으면 왜 교실을 작은 사회라고 부르는지 이해가 됩니다. 실제 사회에서 일어나는 여러 가지 일들이 교실에서 그대로 일어나기도 하거든요. 교실이 어차피 작은 국가처럼 운영된다면 우리 반을 하나의 나라로 설정해 운영하는 건 어떨까 하는 생각이 들었습니다. 그래서 학급화폐 활동을 하기 위해 가장 먼저 한 것이 우리 반을 하나의 나라로 만드는 것이었습니다.

반을 나라로 세운다고 해서 거창한 뭔가가 필요한 것은 아닙니다. 국가가 존재하기 위해 필요한 것이 영토, 국민, 주권인데, 이미 각각의 반은 70m² 정도의 교실이라는 영토가 있습니다. 뿐만 아니라 교사와 학생들이라는 국민, 그리고 우리 반을 교사와 학생들이 함께 만들어갈 수 있는 주권도 가지고 있죠. 그래서 학급화폐를 시작하기 위해 나라를 만들 때 필요한 것은 그리 많지 않습니다. 우리나라의 이름과 국기를 정하는 것 정도면 충분합니다. 우리나라의 이름은 교사가 정해도 좋고 학생들이 정해도 좋습니다. 교사 중에 담당하는 학급의 이름을 정해두고 1기, 2기와 같이 이름을 붙여 함께하는 교사도 있을 겁니다. 저 같은 경우에는 우리 반, 즉 우리나라의 이름을 아이들이 직접 정하도록 하는 방법을 사용하고 있습니다. 쪽 마음에 드는 이름을 지어내기 힘든 때도 있었지만 아이들의 기발한 아이디어와 창의력이 교사의 그것을 뛰어넘을 수 있을 것이라는 기대도 있었죠. 그렇게 2019년부터 시작한 나라 만들기에 함께한 우리 반 아이들은 여러 가지 멋진 이름을 만들어냈습니다.

- 활명수(활기차고 명랑한 수다쟁이들)
- 햇반(햇살처럼 따사로운 반)
- 삼다수(삼삼오오 모인 다양한 개성의 수다쟁이들)

이렇게 우리 반을 우리나라로 설정하는 것을 통해 두 가지 효과를 얻을 수 있습니다. 먼저 아이들로 하여금 우리 반에 대한 소속감을 느끼게 할 수 있습니다. 5학년 2반, 6학년 3반처럼 부르는 것보다 우리 반을 햇반, 삼다수처럼 부르면 신기하게도 아이들은 우리 반에 더 큰 애정을 갖게 됩니다.

또한 학급화폐 활동을 하는 상황으로 아이들을 자연스럽게 초대할 수 있습니다. 학급화폐 활동은 기존에 아이들이 경험하지 못한 새로운 활동입니다. 그래서 아이들에게 낯설게 느껴질 수도 있죠. 하지만 나라를 세움으로써 아이들은 한 나라의 국민이 되고 학급화폐라는 돈이 사용되는 나라에서 생활한다는 설정에 자연스럽게 녹아들게 됩니다. 우리 반을 나라로 만드는 것만으로 활동을 시작할 준비가 되는 것이죠.

나라 이름을 정하고 국기를 만들어보는 활동을 할 수도 있습니다. 실제 세계에 존재하는 나라들의 국기를 살펴보고 우리 반의 이름과 특징에 맞는 국기를 각자 만든 다음 그중 하나를 우리 반의 국기로 정하는 것이죠. 국기를 만들어 그곳에 담긴 의미를 발표하도록 한 뒤 투표를 통해 하나의 국기를 선정합니다. 이렇게 정해진 국기는 교실에 게시하

●삼다수 나라 국기

거나 깃발 형태로 만들어 현장체험을 나갈 때 아이들을 인솔하며 활용하기도 하고, 운동회에서 우리 반 응원 도구로 사용하는 등 여러 용도로 활용할 수 있습니다.

학급화폐의 이름(단위) 정하기

/

나라의 이름을 정했다면 다음으로 해야 할 것은 우리 반에서 사용할 화폐의 이름을 정하는 일입니다. 화폐의 이름 역시 교사가 정해주거나 아이들이 정하도록 하는 방법 중 어느 방법을 선택해도 좋습니다. 화폐의 이름은 꿈, 냥, 드림 등 무엇이든 상관없습니다. 하지만 너무 길지 않고 발음이 쉬운 것이 좋습니다. 처음에는 새로운 단위로 금액을 세는 것이 어색할 수도 있지만 시간이 지날수록 자연스럽게 우리 반 화폐 단위를 사용하게 됩니다.

우리 교실에서는 '미소'라는 화폐 단위를 쓰고 있습니다. 필리핀의 화폐 단위인 '페소'와 비슷하고 발음도 어렵지 않죠? 무엇보다 미소(소리 없이 방긋이 웃는 모양)라는 단어가 가지고 있는 의미가 마음에 들었습니다. 그래서 나라 이름은 매년 아이들이 정하지만 화폐 단위의 경우는 매년 같은 화폐 단위를 사용하고 있습니다. 교실에서 학급화폐 활동을 하는 학급들 중 재미있는 나라 이름과 화폐 이름을 갖고 있는 반들도 많이 있습니다. 된장국이라는 나라에 MSG라는 화폐 단위를 쓰는 곳도 있고, 꿈은 베짱이처럼 놀고먹는 것이지만 현실은 개미처럼 열심히 일해야 된다고 해서 나라 이름은 베짱이, 화폐 이름은 개미로 아이들이 이름 붙인 곳도 있었습니다.

학급화폐의 형태 정하기

/

학급화폐는 '돈'을 소재로 하여 '돈'을 가지고 하는 활동입니다. 나라의 이름과 화폐의 이름이 정해졌다면 이제 학급에서 사용하게 될 돈의 형태를 정해야 합니다. 학급화폐 활동에서 활용할 수 있는 돈의 형태는 실물화폐, 용돈기입장, 온라인화폐 이렇게 세 가지 화폐 형태를 활용할 수 있습니다. 각각의 화폐 형태는 장단점이 있기 때문에 교실의 상황에 따라 적절한 방법을 선택하는 것이 좋습니다.

먼저 실물화폐를 사용할 수 있습니다. 실물화폐란 말 그대로 보고 만질 수 있는 실제 형태가 있는 화폐를 의미합니다. 우리나라의 이름과 화폐의 이름이 정해졌다면 그에 맞는 화폐를 디자인하고 이를 활용해 교실 속에서 경제 활동을 하는 것이죠. 교사가 직접 디자인하는 방법도 있고 학생들이 손수 그린 화폐를 스캔하는 방법도 있습니다. 다른 방법에 비해 실물화폐 형태가 갖는 가장 큰 장점은 돈에 대한 감각을 익히기 좋다는 것입니다. 현금 10만 원을 쓸 때와 카드로 10만 원을 결제할 때의 느낌이 다르다는 것을 다들 경험해보았을 겁니다. 지폐를 한 장씩 세어서 내는 돈과 숫자로만 확인하는 돈은 분명 같은 가치를 가지는 돈이지만 체감은 다릅니다. 이것은 아이들에게도 마찬가지입니다.

실물화폐는 분명한 단점 또한 가지고 있습니다. 분실과 도난, 훼손의 위험이죠. 교실에서는 참 많은 물건이 사라집니다. 연필, 지우개, 가위 등 수많은 분실물이 나오죠. 이름표가 붙어 있다면 주인을 금세 찾을 수 있겠지만 화폐의 경우 이름을 적어두고 사용하지 않습니다. 아무리 잘 관리한다고 해도 잃어버리는 아이들이 나올 수밖에 없습니다. 그리

● 실물화폐 예시

● 용돈기입장

고 물에 젖거나 찢어지는 등 훼손되는 화폐도 나오겠죠. 보관 또한 어렵습니다. 학급운영비 등으로 아이들 수만큼 지갑을 하나씩 마련해 화폐를 보관할 수도 있겠지만 시간이 갈수록 화폐의 양이 많아져 부피가 커지면 관리에 어려움이 따를 수밖에 없습니다. 또 교사가 매번 새로운 화폐를 인쇄해야 한다는 번거로운 면도 가지고 있습니다.

두 번째로 용돈기입장을 활용할 수 있습니다. 흔히 구할 수 있는 용돈기입장을 개인별로 마련하거나 교사가 나눠주고 숫자를 적으며 활동하는 방법이죠. 이때 아이들이 사용하는 용돈기입장은 '통장'이라고 부르게 됩니다.

용돈기입장의 경우 날짜, 내용, 수입, 지출, 잔액을 적을 수 있는 것이면 무엇이든 좋습니다. 용돈기입장은 숫자로 화폐의 수입과 지출, 잔액을 관리하기 때문에 편리합니다. 그리고 별다른 기기를 필요로 하지 않기 때문에 학교에서 언제든 활용하기 좋습니다. 하지만 실물화폐에 비해 돈에 대한 양감을 익히기 어렵다는 단점이 있습니다. 돈을 숫자로만 보게 되기 때문이죠. 그리고 학생들이 숫자 표기 실수를 할 가능성도 있습니다. 통장 내역을 확인하고 도장을 찍어주는 직업들이 있어 어느 정도 확인절차가 있지만 실수하는 경우를 완벽하게 막을 수는 없죠. 그리고 실물화폐와 마찬가지로 분실과 도난, 훼손의 위험도 여전히 존재합니다. 아이들의 학급화폐 활동에 대한 기록이 남아있는 것이 용돈기입장 하나이기 때문에 통장을 잃어버렸을 경우에는 남아있는 돈을 확인할 길이 없습니다.

몇몇 단점이 있긴 하지만 용돈기입장은 일반적인 교실에서 가장 활용하기 적합한 화폐 형태가 아닐까 생각합니다. 부피가 크지 않고 화폐 사용에 대한 기록이 남아 스스로의 금융생활을 점검하고 되돌아볼 수 있어 좋습니다. 단순한 계산만으로 관리가 가능하기 때문에 아이들도 별다른 어려움을 느끼지 않습니다. 만약 분실이 우려된다면 아침에 용돈기입장을 나눠주고 수업을 다 마친 뒤에 한곳에 용돈기입장을 모아두는 방법을 사용할 수 있습니다.

세 번째 학급화폐의 형태는 온라인화폐 형태입니다. 온라인화폐란 스마트기기의 애플리케이션을 통해 학급화폐를 관리하는 방법입니다. 숫자를 자동으로 계산해주고 학생들의 자산 현황, 수입 및 지출 내용이 모두 기록되기 때문에 관리가 편리합니다. 번거롭게 숫자 계산을 할 필요가 없습니다. 그리고 학교에서뿐만 아니라 가정에서도 화폐 활동

● PUPLE(퍼플) 화면

에 참여할 수 있기 때문에 온라인 수업 등의 상황에서도 활용하기 좋습니다. 하지만 학생 개인별 스마트기기가 마련되어야 한다는 점, 수업 및 쉬는 시간 등에 스마트기기를 수시로 사용해야 하기 때문에 기기 사용에 대한 규칙 등을 설정해 아이들의 기기 사용을 관리해야 한다는 단점이 있습니다.

학급화폐 활동에 활용할 수 있는 어플은 초등학교 교사가 만든 퍼플(PUPLE, 구 MCE)이라는 어플이 대표적입니다. 퍼플(PUPLE)은 웹사이트, 안드로이드, ios 운영체제 기기에서 모두 활용이 가능합니다.

학급화폐 활동 전 교사가 명심할 사항

/

학급화폐 활동은 '돈'을 소재로 하는 경제교육 방법입니다. 그렇기 때문에 자칫 잘못하면 본래 교육의 목적과 다른 부작용이 발생할 수 있습니다. 이 활동은 아이들에게 돈에 대해서 잘 알아야 하고 돈 관리가 필요하다는 것을 알려주기 위한 활동이지 돈이 최고이고 돈이면 무엇이든 다 된다는 것을 가르쳐주기 위한 활동이 결코 아닙니다. 그래서 이 활동을 시작하기 전과 활동을 이끌어나가며 반드시 기억해야 할 몇 가지 원칙을 정해두었습니다.

돈을 무기로 사용하지 않기

가장 중요한 원칙은 학급화폐를 교사가 편하기 위한 도구로 활용해서는 안 된다는 것입니다. '돈'은 굉장히 강력한 강화 도구가 될 수 있습니다. 또는 강력한 상벌의 도구가 될 수도 있죠. 이는 어른들뿐만 아니라 아이들에게도 마찬가지입니다. 교실이라는 한정된 공간에서만 쓸 수 있는 화폐인데도 불구하고 학급화폐는 아이들에게 굉장히 큰 동기 부여를 일으킵니다. 교실 안에서는 학급화폐가 가치를 갖기 때문이죠. 그렇기 때문에 학급화폐 활동을 이끌어가는 교사는 학급화폐 활동에서 정해진 소득을 올릴 수 있는 방법(근로, 사업, 자본, 이전소득) 외에 교사가 임의로 화폐를 지급하는 일이 없도록 유의해야 합니다. 칭찬받을 행동을 했다고 해서 화폐를 보상으로 지급하거나 교과 성적이 올랐다고 화폐를 지급해서는 안 된다는 말입니다. 다음 수업에 하게 될 퀴즈 활동에서 문제를 다 맞힌 사람에게 100미소를 주겠다고 한다면 아이들은 분명 열심히 공부할 것입니다. 강당에서 학년 단체 활동을 할 때 질서를 잘 지키면 모두에게 100미소를 주겠다고 하면 아이들은 질서를 잘 지킬 겁니다. 하지만 돈에 대한 올바른 교육을 위해서는 이런 용도로 절대 학급화폐를 사용해서는 안 됩니다.

학급화폐 활동을 하는 교실이라면 활동 초기 아이들에게 이런 이야기를 꼭 듣게 됩니다.

선생님, 이거 하면 얼마 주실 거예요?

어떻게 보면 자연스러운 반응입니다. 하지만 교사가 학급화폐의 첫 번째 원칙을 지키며 활동을 이끌어간다면 한 달 정도가 지난 뒤부터는 그런 이야기를 하는 아이들을 볼 수 없을 것이라 장담합니다. 돈을 마치 칭찬스티커를 주듯이 활용한다면 아이들이 자신의 모든 행동에 돈을 받길 기대하는 것은 어떻게 보면 당연한 일이겠죠. 이것은 학급화폐뿐만 아니라 가정에서도 아이들에게 돈에 대해 가르칠 때 가장 중요한 원칙입니다.

실제 돈이 활동에 개입하지 않도록 하기

두 번째 원칙은 실제 돈이 학급화폐 활동에 개입하지 않도록 해야 한다는 것입니다. 학급화폐 활동에서는 금수저나 흙수저라는 개념이 존재하지 않습니다. 모두가 똑같은 출발선에서 활동을 시작하며 중간에 누군가로부터 증여나 상속을 받을 일도 없기 때문이죠. 그런데 실제 돈이 학급화폐 활동에 개입하기 시작하면 이야기는 달라집니다.

사업 활동을 예로 들어보겠습니다. 교실에서 판매할 과자를 직접 구매해서 판매하도록 하는 상황을 생각해봅시다. 용돈을 많이 받는 아이들은 과자를 많이 사와 교실에서 판매하게 될 것입니다. 그렇게 되면 학급화폐를 많이 갖게 될 가능성이 높아지겠죠. 하지만 용돈을 받지 않는 아이들은 학급화폐를 추가로 얻을 기회를 갖지 못하게 됩니다. 그러므로 아이들이 실제로 갖고 있는 돈이 학급화폐로 바뀌지 못하도록 장치를 마련해야 합니다. 그렇지 않으면 교실 속에서도 금수저, 흙수저가 생길 수 있습니다. 실제 돈이 학급화폐 활동에 개입하지 않도록 하는 방법은 사업 활동에 대해 이야기할 때 자세히 알아보도록 하겠습니다.

정해지지 않은 방법의 교환, 증여 금지

세 번째 원칙은 아이들끼리 정해지지 않은 방법으로 학급화폐를 주고받는 일이 없도록 하는 것입니다. 학급화폐를 주고 친구에게 자신이 하기 싫은 일을 부탁하거나 임의로 학급화폐를 빌려달라고 하거나 강제로 빼앗는 일이 없도록 하기 위해 이 규칙은 학급화폐 활동을 운영하는 교사 스스로 명심하는 것뿐만 아니라 활동에 참여하는 아이들에게 확실히 이야기해줄 필요가 있습니다. 만약 해당 규칙을 어겼을 경우 해당되는 아이들의 통장 사용을 하지 못하도록 페널티를 부과해야 합니다. 아이들끼리 임의로 화폐를 주고받을 수 있도록 해둔다면 학급화폐가 교실에서 하나의 권력 도구로 작용하는 문제가 발생할 수 있습니다. 숙제를 대신 해달라며 학급화폐를 주는 아이, 자신은 돈이 없으니 친구에게 세금을 대신 내달라고 하는 아이들이 있는 교실은 학급화폐 활동에서 추구하는 교실의 모습이 아닙니다.

사행성 활동은 지양하기

네 번째 원칙은 사행성 활동을 지양해야 한다는 것입니다. 도박 활동의 경우 당연히 교실에서는 금지되어야 할 활동입니다. 하지만 복권 활동의 경우 아이들의 흥미유도를 위해 활용해봄직 합니다. 다만 한 명의 친구라도 복권에 당첨되어 큰돈을 얻는 모습을 보게 된다면 자칫 학급화폐 활동이 전체적으로 흔들릴 수 있습니다. 직업 활동, 사업 활동 등 다른 활동들에 참여하지 않고 일확천금만 노리는 분위기가 만들어질 수 있기 때문이죠. 그러므로 복권 활동 역시 활용하지 않는 것을 추천드립니다.

> **tip**
> **복권 활동을 한다면 당첨될 가능성은 최소로!**
> 만일 복권 활동을 하게 된다면 당첨 확률이 거의 없도록 설정하여 일확천금을 노리는 것보다는 근로소득, 사업소득, 자본소득 등으로 자산을 늘리는 것이 바람직하다는 것을 느끼도록 설정하는 것이 좋습니다.

학급화폐 활동에 활용할 수 있는 준비물

/

학급화폐 활동을 할 때 마련해두면 좋은 물건들이 몇 가지 있습니다. 여기서 이야기하는 준비물들은 필수적으로 마련해야 하는 물건들은 아니니 참고하는 정도로 생각하면 됩니다. 어떤 물건들이 있는지 하나씩 살펴보겠습니다.

멀티넘버링

학급화폐 활동에서는 숫자를 많이 다루게 됩니다. 그리고 우리 반의 세금 현황, 투자 수치의 변동 등 수치를 게시해야 하는 것들도 있습니다. 이때 멀티넘버링을 활용하면 좋습니다. 멀티넘버링은 원하는 숫자를 바로 수정할 수 있는 번호돌림판입니다. 용도에 따라 다양한 크기의 멀티넘버링을 구매할 수 있습니다. 시각적으로도 눈에 띄고 개인별 글씨체와 상관없이 숫자를 표기할 수 있습니다. 꼭 학급화폐 활동이 아니더라도 날짜 표기 등에 활용하기 유용합니다. 교실 칠판을 기준으로 작게 나타낼 숫자는 N4 사이즈(36×57mm), N6 사이즈(58×86.1mm)를 활용하면 좋습니다.

● 멀티넘버링(N6 크기)

직업별 도장

●직업별 도장

학급화폐 활동에 있는 여러 직업 중 은행원, 국세청, 투자회사 직원처럼 화폐와 관련된 직업을 갖고 있는 아이들을 위해 직업별 도장을 마련해두면 좋습니다. 직업별 활동을 하고 확인했다는 의미로 통장에 도장을 찍도록 하는 것이죠. 교사가 모든 화폐 거래내용을 확인할 수 없기 때문에 아이들과 통장 내역이 제대로 기록되어 있는지 확인하는 역할을 나누는 것이 좋습니다. 그리고 아이들은 도장이 있는 직업을 선호하기도 합니다. 용돈기입장에 도장을 찍는 경우가 많기 때문에 지름이 0.5cm 정도의 도장을 활용하면 좋습니다. 그리고 인주를 찍는 번거로움을 덜기 위해 자동도장을 사용하는 것도 추천합니다.

계산기

학급화폐 활동에서는 수입, 지출, 잔액을 계산하는 간단한 덧셈, 뺄셈뿐만 아니라 이자율이나 수익률을 계산하는 곱셈, 나눗셈 상황도 발생합니다. 하지만 학급화폐 활동에서 숫자를 다룬다고 해서 숫자 계산이 그 목적인 활동은 아닙니다. 그러므로 아이들이 숫자 계산을 빠르고 쉽게 할 수 있도록 계산기를 마련해두고 활동 중에는 언제든 사용할 수 있도록 해주는 것이 좋습니다. 계산기는 많은 기능이 필요하지는 않지만 크기가 너무 작은 것보다는 숫자나 버튼의 크기가 큰 것을 사용하는 것이 좋습니다. 계산이 필요한 직업의 아이들에게 하나씩 지급하고 누구든 쓸 수 있는 계산기도 교실에 비치해두면 좋습니다.

● 계산기

파일

학급화폐 활동의 직업들 중에는 화폐 거래기록이나 각종 제출물을 기록하는 직업들이 있습니다. 이러한 직업들의 경우에는 직업별 파일을 만들어 관리하도록 하는 것이 좋습니다.

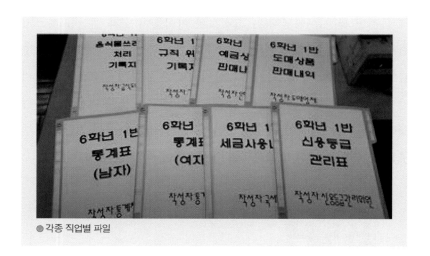

● 각종 직업별 파일

활동 시간 확보는 이렇게

학급화폐 활동은 기존에 학교에서 이루어지고 있는 활동을 대체하는 활동이 아니라 추가적으로 이루어지는 활동입니다. 그렇기 때문에 활동을 위한 시간을 확보하는 데 어려움이 있을 수 있습니다. 정해진 교육과정상 수학이나 국어 시간에 배워야 하는 내용 대신 학급화폐 활동을 할 수는 없는 노릇이니까요. 물론 학급화폐 활동은 아침 활동 시간, 쉬는 시간, 점심 시간처럼 수업 시간 이외의 시간에 주로 이루어집니다. 하지만 활동에 대한 설명, 경제 개념의 설명 등이 필요한 경우에는 자투리 시간만으로는 부족하기 때문에 수업 시간을 활용해야 하는 상황이 생길 수도 있습니다. 이 경우 교육과정상 교과시수에 영향을 주지 않도록 하기 위해 다음과 같은 방법으로 활동 시간을 확보할 수 있습니다.

먼저 학년 초 담임 주간을 활용할 수 있습니다. 투자, 사업 활동처럼 추후에 추가되는 활동들이 있지만 기본적인 활동은 학년 초에 아이들에게 안내하게 됩니다. 그렇기 때문에 학교 교육과정상 창의적 체험 활동 등으로 잡혀있는 학년 초 담임 주간의 시간을 활용해 활동 안내를 할 수 있습니다.

그리고 학급동아리로 운영되는 학교라면 학급동아리를 경제관련 동아리로 정해 수업 중 학급화폐 활동을 할 수 있는 시간들을 마련할 수 있습니다. 또 관련 수업이 있는 교과 활동 시간에 학급화폐를 소재로 활용할 수도 있습니다. 5학년의 법, 6학년의 정치, 경제 단원의 경우 재구성하여 학급화폐 활동을 위한 시간으로 활용하기 좋습니다.

취업하고 월급 받는 아이들

나의 노동력과 시간을 투자한 대가

대부분의 아이들은 부모님이 주는 용돈, 명절에 친척들이 주는 용돈이 수입의 대부분입니다. 당연히 아이들이 체감하는 돈의 가치는 돈을 버는 부모님이 느끼는 돈의 가치와는 다를 겁니다. 일상적인 생활만 해도 부모님이 용돈을 주고, 세배 한 번만 하면 몇만 원의 돈이 손에 쥐어집니다. 쉽게 벌기 때문에 쓸 때도 쉽게 쓰게 됩니다. 하지만 직접 돈을 벌어보면 같은 돈이라도 내가 느끼는 값어치는 달라집니다.

학급화폐 활동에서 아이들은 직업을 갖고 직업에 따라 정해진 일을 한 뒤 돈을 벌게 됩니다. 나의 노동력과 시간을 제공한 대가로 받은 돈. 예전처럼 쉽게 쓸 수 있을까요? 사회생활을 해본 사람들이라면 비슷한 대답을 할 것입니다. 내가 받던 용돈 30만 원과 내가 주는 용돈 30만 원의 차이라고 생각하면 이해가 쉬울까요? 아이들도 마찬가지입니다. 교실에서의 간단한 직업 활동들이지만 직업을 갖고 월급을 받아본 아이들은 이런 이야기를 자연스럽게 하게 됩니다.

아~ 이래서 부모님이 월급날을 기다리셨구나!
부모님이 힘들게 돈을 버시는구나!

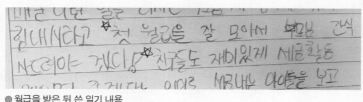
● 월급을 받은 뒤 쓴 일기 내용

우리 반에 직업 만들기

/

학급화폐 활동에 참여하는 아이들은 소득을 바탕으로 교실 속 금융 생활에 참여하게 됩니다. 소득의 종류를 나누면 크게 근로소득, 사업소득, 자본소득, 이전소득 네 가지 종류가 있습니다. 그리고 학급화폐 활동에서는 아이들도 이 네 가지 소득을 모두 경험하게 됩니다. 네 가지 소득의 종류 중에서 교실 속 학급화폐 활동을 통해 가장 먼저 경험하게 되는 것은 나의 노동력을 제공해서 받는 근로소득입니다. 학급화폐를 하나도 갖고 있지 않은 채로 시작하기 때문에 처음에는 사업소득이나 자본소득을 얻을 수 없는 것이죠.

근로소득을 얻기 위해서는 직업을 갖고 자신의 노동력을 제공해야 하므로 교사는 교실에 아이들이 활동할 수 있는 직업을 마련해두어야 합니다. 교실 속 직업을 정해둔다는 것이 새로운 활동처럼 생각될 수도 있지만 사실 기존에 학급별로 운영하고 있는 1인 1역할 활동을 조금 변형시킨 것이라고 생각하면 됩니다. 기존에 교실에서 운영하던 1인 1역할 활동에 직업이라는 이름을 붙이고 급여를 지급한다는 것이 다를 뿐이죠. 물론 학급화폐 활동을 하게 되면 새롭게 추가되는 활동들이 몇 개 있긴 하지만 기본적으로는 1인 1역할 활동의 연장선입니다. 이렇게 직업 활동으로 활동을 변형함으로써 아이들은 일반적인 교실이라면 경험하지 못할 다양한 직업을 접해볼 수 있는 기회를 갖게 됩니다. 그렇기 때문에 학급화폐 활동의 직업 활동은 자연스럽게 진로교육과도 연계될 수 있습니다.

학급화폐 활동 속 직업의 종류는 크게 두 가지로 구분 지을 수 있습니다. 바로 '학급화폐 활동에 꼭 필요한 직업'과 '학급화폐 활동에 활용할 수 있는 직업'입니다. 학급별 학생 수, 교실 환경 등에 따라 직업의 수나 종류는 얼마든지 바뀔 수 있으므로 교실 상황에 맞춰 적절하게 변형해 활용하면 됩니다.

삼다수 직업 안내(9월 1일~9월 30일까지)

※ 급여는 9월 15일, 9월 30일에 지급합니다.

직업의 종류	선발 인원	월급 (단위: 미소)	하는 일	자격기준
국세청	1	300	나라의 세금 수입, 지출이 있을 때 장부에 기록하고 남은 세금을 게시판에 게시합니다.	수학자격증 3급 이상 신용등급 3등급 이상
급식 도우미	4	350	급식시간 급식차를 가지고 와서 배식을 책임집니다. 급식 후 남은 잔반을 국세청에 신고합니다.	신용등급 5등급 이상
교실 청소부	2	310	점심식사가 끝난 뒤 교실을 쓸고 닦습니다. 청소도구함을 관리합니다.	
통계청	1	290	친구들의 제출물을 정리하고 제출한 사람을 확인합니다.	신용등급 5등급 이상
기상청	1	270	매일 미세먼지 알림판을 수정하고 환기를 담당합니다.	
우체부	1	290	제출물이나 교과서 등을 걷거나 나누어줍니다.	
은행원	1	300	월급날이 되면 월급을 확인해줍니다. 예금을 관리하고 만기인 사람에게 알려줍니다.	수학자격증 3급 이상 신용등급 3등급 이상
게시판 담당자	1	290	우리 반 교실 게시판을 관리합니다.	인테리어 디자이너 자격증
도매상인	1	320	우리 반 과자 창고를 관리하고 과자를 판매합니다.	수학자격증 3급 이상 신용등급 3등급 이상 사업자 등록 안 한 사람
공무원	3	280	선생님과 함께 정부에 소속되어 삼다수 살림을 꾸려나갑니다(경찰 업무 추가).	반장, 부반장
방역요원	1	300	체온을 측정하고 손 소독을 안내합니다.	일찍 등교하는 사람
투자회사 직원	1	300	투자게시판을 관리하고 투자회사 장부를 관리합니다.	수학자격증 3급 이상
합계	18		직업 수행을 하기 시작할 때와 끝낼 때 반드시 손 소독을 해야 하고 마스크를 착용한 상태로 활동합니다.	

● 직업의 종류 예시

학급화폐 활동에 꼭 필요한 직업

/

'학급화폐 활동에 꼭 필요한 직업'은 학급화폐 활동 속에서 이루어지는 저축, 투자, 납세 등 경제·금융교육에 직접적으로 관여하는 직업입니다. 다시 말해 '학급화폐 활동에 꼭 필요한 직업'은 학급화폐 활동을 통해 경제 개념을 배우기 위해 반드시 설정해두어야 하는 직업이라고 볼 수 있습니다.

학급화폐 활동에서 이루어지는 모든 활동을 교사가 직접 관리하는 것은 힘든 일입니다. 아이들이 통장에 기록한 내용이 제대로 기입되었는지 매일 매일 확인하기는 어렵죠. 학급화폐 활동을 이끌어가는 교사가 지쳐버린다면 자칫 용두사미가 될 수 있습니다. 그래서 학급화폐 활동이 교실 속에서 자연스레 돌아가도록 하는 역할을 '학급화폐 활동에 꼭 필요한 직업'을 가진 아이들이 교사와 나눠 하게 됩니다. 아래 표에 있는 직업들이 학급화폐 활동에서 '꼭 필요한 직업'들입니다. 해당 직업

직업의 종류	관련 경제 개념	하는 일
은행원	저축, 이자	월급 입금 확인, 저축 상품 관리
국세청장	세금	나라의 세금 수입과 지출 관리
통계청장	신용점수	제출물의 제출 여부 확인
신용평가위원	신용점수	신용점수, 등급 관리 및 안내
투자회사 직원	투자	투자 상품 관리
도매상인	사업소득	사업자 등록을 한 사람에 한해 과자 및 학용품 판매

● 학급화폐 활동에 꼭 필요한 직업의 예시

들은 이후에 관련 활동을 소개하는 장에서 자세한 활동 내용을 설명하도록 하겠습니다.

간단하게 설명했지만 학급화폐 활동에 꼭 필요한 직업들은 학급화폐 활동을 통해 아이들이 학습하게 되는 저축, 투자, 납세, 신용점수 관리 등의 내용과 관련된 활동을 하는 직업들입니다. 그리고 아이들의 통장에 입금과 출금 내역을 확인하는 경우가 많으므로 해당 직업들의 아이들에게는 앞서 학급화폐에 유용한 준비물로 소개한 직업별 도장을 마련해 주는 것이 좋습니다.

학급화폐 활동에 활용할 수 있는 직업
/

앞에서 이야기한 '학급화폐 활동에 꼭 필요한 직업' 이외에는 학생 수, 학교나 교실의 환경 등 교실의 상황에 따라 필요한 직업을 자유롭게 조정하면 됩니다. 1인 1역할의 이름을 그대로 사용하는 것보다는 직업의 이름을 사용하면 아이들이 더 몰입할 수 있습니다. 교실에서 교과서나 제출물을 나누어주는 직업은 우체부, 교실의 창문을 열고 닫는 역할은 환경부나 기상청, 우유 급식을 담당하는 역할은 낙농협회와 같은 식으로 직업 명칭을 정할 수 있습니다. 학급화폐 활동에 활용할 수 있는 직업의 예로는 다음과 같은 것들이 있습니다.

직업의 종류	하는 일
우체부	교과서 등을 걷거나 나누어주는 역할
급식 도우미	교실 급식의 경우 배식과 정리 담당
인테리어 디자이너	교실 뒤쪽 게시판 꾸미기
신문기자	교실 게시판에 안내장 게시 및 관리
한국전력	미세먼지 알림판 관리 및 환기 담당
환경미화원	교실 청소 담당
낙농협회	우유 급식 담당

● 학급화폐 활동에 활용할 수 있는 직업의 예시

직업의 가짓수 조절하기

/

학급화폐 활동에서 소득을 올리는 가장 기본적인 방법은 근로소득입니다. 근로소득을 통해 이후 사업 활동, 저축, 투자 활동에서 근로소득이외의 소득을 올릴 수 있도록 설정되어 있죠. 그렇기 때문에 처음 활동을 시작할 때에는 아이들의 숫자와 직업의 숫자가 일치해야 합니다. 학급에 학생이 25명이라면 25개의 일자리를 마련해두어야 하는 것이죠. 처음 두 달 정도는 모두가 일자리를 갖고 근로소득을 얻을 수 있도록 하는 것이 좋습니다. 하지만 두 달 정도 시간이 지난 이후에는 학생 수보다 직업 수를 적게 만들어야 합니다.

이렇게 직업의 가짓수를 줄여야 하는 이유는 아이들이 돈 관리를 해야 한다는 필요성을 체감하도록 하기 위해서입니다. 학생 수만큼 직업 수가 마련되어 있다면 직업의 종류에 따라 월급의 액수는 바뀌겠지만 늘 월급을 받을 수 있습니다. 학급화폐 활동은 1년으로 마무리가 되는데 일정 기간마다 월급을 받게 된다면 굳이 돈 관리를 하지 않아도 1년을 생활하는 데 큰 문제가 없습니다. 그래서 직업을 갖지 못해 월급을 받지 못하는 개인의 경제위기 상황을 겪을 수 있는 장치를 마련해두어야 소득이 있을 때 앞으로 찾아올지 모르는 위기 상황에 대비하기 위해 돈 관리를 해야겠다는 생각을 갖게 할 수 있습니다.

직업의 수를 줄일 때는 업무강도가 낮은 직업을 없애거나 여러 직업을 통합하는 방법을 사용할 수 있습니다. 한 직업에 여러 명이 활동하던 경우 직업별 인원의 수를 줄일 수도 있습니다. 은행원이라는 직업의 경우 활동 초기 월급담당 은행원, 저축담당 은행원 2명을 두고 있지만 활동이 익숙해진 이후에는 1명이 담당하도록 하고 있습니다.

교사가 직업 수를 줄이지 않아도 자연스럽게 사라지는 직업도 생깁니다. 교실 급식을 해야 해서 '급식 도우미'라는 직업이 있었지만 급식실이 완성되면 해당 직업이 사라질 수도 있겠죠. 이럴 경우 굳이 교사가 직업의 수를 유지하기 위해 새로운 직업을 만들 필요는 없습니다. 자연스레 소득이 줄어드는 상황이 발생할 수 있다는 것을 이해하도록 하면 됩니다. 그리고 이 상황을 해결하는 방법을 스스로 찾도록 유도합니다.

스스로 직업 만들어보기

/

세상이 빠르게 변화하며 기존에 존재하던 직업이 사라지고 이전에는 존재하지 않던 직업들이 생겨나고 있습니다. 10년 전에는 존재하지 않았던 유튜버, 동물행동 교정사, 드론조종사, 반려동물 장례전문가 등처럼 말이죠. 반대로 10년 전만 해도 존재했던 직업들이 사라지기도 하죠. 우리 아이들이 직업을 갖고 사회생활을 시작하게 될 10년 후에는 또 세상이 어떻게 바뀌어 있을지 모릅니다. 10년 후에는 현재 존재하는 직업의 상당수가 인공지능(AI)으로 대체될 것이라는 이야기도 들려오고 있습니다. 이런 상황에서 아이들에게 정해진 직업에서 선택하게만 하는 것은 미래 사회에 대처할 수 있는 능력을 길러주는 데 도움이 되지 않을 것입니다. 그러므로 우리 아이들에게 현재 존재하지 않는 직업을 필요에 의해 스스로 직접 만들어내는 '창직'에 대해서 알려주어야 할 필요가 있습니다.

학년 초에는 교사가 마련해둔 직업에서 아이들이 직업을 선택하게 됩니다. 하지만 시간이 지나며 아이들이 학교생활 속에서 '이런 직업도 있으면 좋겠다'는 생각을 하게 됩니다. 이때 아이들이 만들어낸 직업을 학급화폐 활동에서 근로소득을 받는 직업으로 만들어본다면 어떨까요? 아이들은 자연스레 직업이라는 것은 정해진 것에서 골라야만 하는 것이 아니라 만들 수도 있다는 것을 알게 될 것입니다. 물론 교실에서 만들 수 있는 직업이 세상에 존재하지 않는 완전히 새로운 직업은 아닐

새로운 직업 제안서

제안하는 사람	학년 / 반 / 번호	이름
제안하는 직업의 이름		
하는 일 **(최대한 자세하게** **적어주세요.)**		
적정하다고 생각하는 **월급과 그 이유**	이 직업의 적정 월급은 　　　　　미소입니다. 왜냐하면	

직업을 제안하는 (　　　　)(은)는 활명수 국가 국민들의 생활을 위해
새로운 직업 (　　　　)이 필요하다고 생각해 위와 같이 제안합니다.

2021년 　월 　일 　제안자 　　　　(인)

통과 여부 **(통과 / 통과 안 됨)**	**사유**	

● 직업 제안서 양식

것입니다. 하지만 아이들이 '내가 직업을 만들어냈다'라는 경험을 하게 된다면 이런 생각을 하지 않을까요?

> 직업의 수나 종류는 고정되어 있고 그것 중에 내가 골라야 하는 것이 아니라 내가 만들 수도 있는 거구나.

이렇게 생각하게 하는 것만으로도 앞으로 아이들이 직업에 대해 열린 사고를 갖게 할 수 있을 것입니다. 실제로 아이들은 교실 속에서 교사가 생각하지 못한 다양한 직업들을 만들어냅니다. 점심 시간에 교실에서 좋아하는 가수의 노래를 듣고 싶었던 친구는 친구들의 신청곡을 받아 노래를 틀어주는 DJ라는 직업을 만들었고, 보드게임 정리가 잘되지 않는 것을 본 친구는 보드게임 관리인이라는 직업을 만들어냈습니다. 코로나19로 인해 매일 교실 곳곳을 소독해야 하는 상황에서는 '방역업체'라는 직업을 만들어내는 아이도 있었죠.

tip

만들어진 직업의 우선권은 만든 사람에게

교실에 없던 직업을 새로 제안해준 아이가 있다면 그 직업 선택의 우선권은 제안한 아이에게 주어야 합니다. 내가 낸 아이디어로 직업을 만들었는데 정작 나는 그 직업 활동을 하지 못한다면 새로운 직업을 만들고자 하는 의욕이 떨어지겠죠? 그래서 새로 제안된 직업을 누가 할지 정할 때에는 제안한 아이에게 우선 해당 직업을 가질지 물어봅니다. 만약 제안은 했지만 그 직업을 갖길 원하지 않는다면 다른 친구들에게도 기회를 제공합니다.

직업별 급여 정하기

/

직업의 종류가 정해졌다면 직업별로 얼마의 급여를 지급할지 정해야 합니다. 교사가 직업별 급여의 차이에 대한 감을 잡기 위해서는 1미소당 1만 원으로 생각하고 급여를 정하면 수월합니다. 하지만 이러한 비교는 교실 내 물가와 일치하지 않기 때문에 참고용으로만 생각하기 바랍니다. 우리 반에서는 직업별 급여를 200~400미소 정도로 설정해 두고 있습니다. 교실 내에서 이루어지는 직업별 활동의 빈도 및 난이도 등을 고려해 급여를 정하면 됩니다. 물론 학급 내 화폐 설정에 따라 더 큰 단위로 결정해도 됩니다. 학급화폐 활동에서의 물가나 숫자에 따른 금액의 가치는 실제 현실 속 돈의 가치와 별개로 우리 반만의 가치로 설정됩니다.

tip

아이들이 직접 월급을 정하게 해보자!

직업별 월급을 정할 때 실제 사회의 월급 수준과 교실 속 직업의 월급 수준을 일치시킬 필요는 없습니다. 우리 반에서는 매일 활동하고 활동 시간이 가장 긴 '급식 도우미'가 가장 많은 급여를 받고 있습니다. 직업 활동이 어느 정도 진행되어 직업별 하는 일에 대해 경험한 뒤 아이들과 적정한 직업별 급여에 대해 토의하며 공정한 분배에 대해 이야기해볼 수도 있겠죠.

직업을 얻기 위한 자격기준

직업을 얻기 위해서는 해당 직업이 필요로 하는 능력과 관련된 자격증이 필요한 경우가 있습니다. 컴퓨터 관련 일을 하고자 한다면 컴퓨터 관련 자격증이 있어야 하고 외국어를 사용하는 직업을 갖고자 한다면 외국어 자격증이 있어야겠죠. 교실 속 직업을 얻기 위해서도 마찬가지입니다. 아이들은 여러 직업 중에 자신이 갖고 싶은 직업을 선택하고 그 직업에서 요구하는 자격요건을 갖추도록 하고 있습니다.

직업 활동이 교실에서 하고 있던 1인 1역할을 활용한 것처럼 학급화폐 활동 속 자격증 활동 역시 새로운 것이 아니라 학급에서 이미 하고 있는 활동들을 활용하게 됩니다. 자격증 활동에 활용할 수 있는 교실 속 활동에는 형성평가, 단원평가 또는 학교별로 운영하는 줄넘기 급수제, 악기 급수제, 도서 대출 권수, PAPS(학생 건강 체력 평가) 등이 있습니다.

삼다수 자격증

이름

자격증 종류	내 자격증	자격증 종류	내 자격증
수학	3급		
사회	5급		
과학	5급		
디자인			
기자	합격		
바른 글씨			
체력			1등급

● 교실 자격증의 예시

수학 자격증을 예로 들면 수학 한 단원이 끝났을 때 단원평가를 실시하고 단원평가 결과가 정해진 기준 점수를 넘길 때마다 한 급수씩 올라가도록 할 수 있습니다. 그리고 이 수학 자격증은 수와 관련된 은행원, 투자회사 직원 등의 직업에 지원하기 위한 자격기준으로 활용하는 것이죠.

자격증을 취득할 때마다 새로 자격증을 만들어주는 것보다 자격증을 모을 수 있는 한 장의 종이에 자신이 가지고 있는 자격증을 한 번에 관리할 수 있도록 하는 것이 좋습니다. 자격증의 급수를 라벨지로 인쇄해 아이들이 새로운 자격증을 취득할 때마다 나누어주거나 급수가 올라갈 때마다 교사가 도장을 하나씩 더 찍어주는 방법을 사용할 수 있습니다.

tip

자격증은 줄 세우기 위한 용도가 아니에요!

자격증은 아이들을 1등부터 꼴등까지 줄을 세워 1등에게 우선권을 주기 위한 용도가 아닙니다. 그러므로 자격증을 획득하는 기준은 낮게 설정하는 것이 좋습니다. 예를 들어 수학 자격증을 취득하기 위해서는 '수학 단원평가 점수 60점'과 같은 식으로 우리 반 아이들의 전체적인 학습 수준에서 중하~중 정도의 기준 점수를 설정해두는 것이 좋습니다.

모든 자격증을 취득할 필요는 없어요!

아이들이 교실 속 모든 자격증을 가지고 있을 필요는 없습니다. 은행원이라면 수학 자격증을 가지고 있어야 할 것이고, 학급문고 관리하는 직업이라면 독서 관련 자격증이 있으면 되겠죠. 아이들의 흥미와 적성에 따라 자신에게 맞는 자격증을 취득할 수 있도록 하는 것이 좋습니다. 이때 직업에 지원하기 위한 기준으로 '수학 자격증 4급 이상'과 같이 특정 자격증을 정하지 않고 '4급 이상 자격증 1개 이상 보유자'라고 설정해 자신의 적성과 흥미에 맞는 자격증을 골라서 취득하도록 할 수도 있습니다.

이러한 자격증 활동의 경우 경제교육과는 크게 관련이 없기 때문에 생략해도 전체적인 학급화폐 활동에 영향을 미치지는 않습니다.

직업 공지하기

/

직업의 종류, 직업별 필요한 인원수, 하는 일과 급여, 자격요건이 정해졌다면 아이들에게 해당 내용을 공지합니다. 새롭게 직업을 정할 계획이라면 적어도 일주일 전에는 직업의 종류와 인원, 하는 일 등을 공지해야 합니다. 그래야 아이들이 어떤 직업을 가질지 고민하고 그 직업에 지원하기 위해 필요한 자격이 있다면 준비할 수 있습니다.

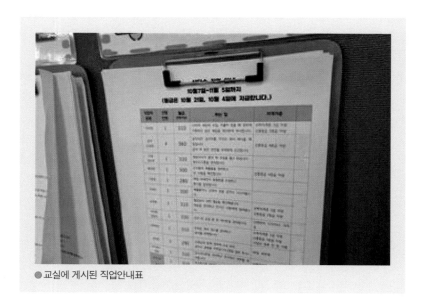

● 교실에 게시된 직업안내표

직업 정하기

/

직업의 종류가 정해졌다면 아이들이 어떤 직업을 갖고 활동할지 결정해야 할 차례입니다. 첫 직업은 활동을 시작하는 3월 초중반에 정하게 됩니다. 그리고 이후에 직업을 얼마마다 바꿀지 미리 정해두는 것이 좋습니다. 직업을 바꾸는 주기가 짧을 경우(한 달마다 바꾸기) 직업별 업무 인수인계가 필요하다는 단점이 있습니다. 새로 갖게 된 직업의 업무를 익혀야 하기 때문에 직업을 바꾼 뒤 며칠은 활동 진행에 어려움이 생기기도 하죠. 하지만 다양한 직업을 경험해볼 수 있는 장점도 있습니다. 한 달마다 직업을 바꿀 경우 최대 8~9개의 직업을 1년 동안 경험할 수 있습니다.

직업을 바꾸는 주기가 길어질 경우(2개월 또는 한 학기마다) 다양한 직업을 경험할 수 없지만 직업별 숙련도가 늘어난다는 장점이 있습니다. 시간이 갈수록 학급화폐 활동이 별다른 문제 없이 잘 흘러가게 됩니다. 이 두 가지 방법에는 각각의 장단점이 있지만 다양한 직업을 경험할 수 있도록 한다는 취지에서 한 달에 한 번 정도 직업을 바꾸는 것을 추천합니다.

직업을 정할 때는 총 2단계를 거쳐 정하고 있습니다. 1단계는 직업별로 정해진 자격기준을 충족했는지 확인하는 것입니다. 교사가 확인할 수도 있지만 아이들이 자신의 자격증을 보고 스스로 자격기준이 되는지 확인할 수 있습니다. 이때 직업지원서를 제출하도록 할 수도 있습니다. 2단계는 해당 직업의 자격기준을 충족하고 직업을 갖기 원하는 아이들 중 선발 인원만큼 최종 합격자를 정하는 일입니다. 이때는 자격증 등급이 더 높은 아이들에게 우선권을 주는 것이 아니라 모두 동등한 입장에서 가위바위보 등으로 최종 합격자를 정합니다. 한 아이는 수학 자격증 3급, 한 아이는 수학 자격증 5급이라고 해서 3급 자격증을 갖고 있는 아이를 합격시키는 것이 아니라는 것이죠.

tip
경력직 우대하기

직업을 새로 정하는 날, 기존에 하고 있던 직업을 계속하길 희망하는 아이들이 있을 수 있습니다. 이 경우 기존에 해당 직업을 하고 있던 아이에게 무조건적인 우선권을 주는 것은 바람직하지 않습니다. 다른 아이들에게 특정 직업을 가질 수 있는 기회가 사라지기 때문이죠. 이 경우 기존에 직업을 가지고 있던 친구에게 가위바위보 기회를 한 번 더 주는 식의 혜택을 주는 방법을 사용할 수 있습니다. 일종의 경력직 우대인 것이죠. 물론 이러한 혜택은 기존 직업 수행을 성실히 해냈을 경우에만 해당합니다. 물론 경력직 우대 설정 없이 모두 같은 위치에서 직업을 정하도록 해도 좋습니다.

급여 지급하기

/

이제 직업을 갖고 정해진 직업의 역할을 수행했다면 아이들에게 급여를 지급해야 합니다. 아이들에게 익숙한 급여와 관련된 단어는 한 달에 한 번씩 받는 '월급'입니다. 하지만 월급으로 지급하게 되면 1년에 12번, 그중에서 여름방학, 겨울방학을 제외하면 8~9번 정도의 급여를 받을 수 있습니다. 그런데 이 횟수는 저축, 투자 등 다양한 금융 활동에 계획적으로 참여하기에는 조금 부족한 횟수입니다. 그래서 학급화폐 활동에서는 2주 정도에 한 번씩 급여를 지급하는 것을 추천합니다. 급여를 받게 되는 횟수가 늘어나는 만큼 금융 활동에 참여할 기회도 함께 늘어나기 때문이죠. 그리고 2주에 한 번씩 급여를 지급받게 되면 '2주급'이라는 용어를 쓰는 것이 정확하겠지만, 아이들에게 익숙한 '월급'이라는 용어를 활용하고 아이들에게 설명을 한 번만 해주는 것이 좋습니다.

월급을 지급할 때 월급명세서를 게시판에 공지하고 아이들이 직접 확인해 자신이 받는 월급을 통장에 적도록 하고 있습니다. 그리고 적은 내용이 정확한지는 교사가 확인하거나 은행원 직업을 갖고 있는 아이가 확인해 도장을 찍어주게 됩니다.

월급명세서에는 여러 내용들이 포함되어 있습니다. 학생의 이름과 가지고 있는 직업, 소득세, 자리임대료, 건강보험료, 실수령액 등입니다. 학급화폐 활동 속에서 각각의 항목에 대한 내용을 자세히 살펴보면 다

2021년 9월 22일 5학년 2반 월급명세서

※ 확인 후 실수령액을 통장에 직접 적어 은행원에게 확인 받으세요.

예 내용 : 9월 22일 월급 입금 : 145미소

직업	이름	월급	저작권료	세금(15%)	자리임대료	전기요금	건강보험료	급식비	실수령액	확인
	○○○	0	12	2	40	10	10	25	-75	
공무원	○○○	280	32	46	40	10	10	25	181	
급식도우미	○○○	350	12	54	40	10	10	25	223	
공무원	○○○	280	12	43	40	10	10	25	164	
급식도우미	○○○	350	12	54	40	10	10	25	223	
기상청	○○○	270	17	43	40	10	10	25	159	
은행원	○○○	300	12	46	40	10	10	25	181	
	○○○	0	32	4	40	10	10	25	-57	
통계청	○○○	290	17	46	40	10	10	25	176	
국세청	○○○	300	17	47	40	10	10	25	185	
	○○○	0	17	2	40	10	10	25	-70	
급식도우미	○○○	350	17	55	40	10	10	25	227	
	○○○	0	12	1	40	10	10	25	-74	
도매상인	○○○	340	12	52	40	10	10	25	215	
	○○○	0	17	2	40	10	10	25	-70	
투자회사	○○○	300	17	47	40	10	10	25	185	
환경미화원	○○○	310	12	48	40	10	10	25	189	
우체부	○○○	290	17	46	40	10	10	25	176	
방역업체	○○○	210	12	33	40	10	10	25	104	
공무원	○○○	280	12	51	0	10	10	25	196	
게시판관리	○○○	290	52	51	40	10	10	25	206	
급식도우미	○○○	350	12	54	40	10	10	25	223	
환경미화원	○○○	310	17	49	0	10	10	25	233	
세금 합계				876	840				1716	

● 월급명세서 예시

음과 같습니다. 이 중 소득세와 자리임대료 등을 제외하고는 교사의 재량에 따라 자유롭게 변경, 수정, 삭제하고 명세서를 작성하면 됩니다.

- 월급 : 월급은 직업을 공지할 때 함께 공지된 직업별 급여의 양
- 소득세 : 소득에 따라 부과되는 세금
- 자리임대료 : 학생들이 사용하는 책상과 의자에 대한 대여료. 학급화폐 활동을 시작할 때는 책상과 의자가 나라의 소유
- 건강보험료 : 의무적으로 내야 하는 돈으로 건강보험료를 납부했기 때문에 학교에서 아프거나 다쳤을 때 보건실을 이용할 수 있다는 설정으로 안내
- 실수령액 : 세금 등의 부수적인 비용을 빼고 실제로 받게 되는 돈

월급명세서 예시에서도 확인할 수 있지만 아이들은 직업별로 정해진 월급을 그대로 받지 않습니다. 소득세 등이 원천징수된 금액인 실수령액을 받게 됩니다.

tip
전기요금과 급식비도 추가해요!

월급을 지급할 때 월급, 소득세, 자리임대료 항목 이외에는 필수적인 항목이 아닙니다. 하지만 우리 부모님들이 받은 월급에서 이렇게 기본적으로 나가는 돈이 많이 있구나 하는 것을 아이들이 알 수 있도록 하는 좋은 방법입니다. 교실의 전기 사용량에 따른 전기요금, 아이들의 급식비 등을 원천징수 항목에 추가할 수도 있습니다.

월급을 확인하는 직업, 은행원

/

기본적으로 월급명세서는 교사가 작성해서 공지해주어야 합니다. 그리고 아이들은 자신의 이름 옆에 적힌 '실수령액'을 통장에 기록하게 됩니다. 이때 자신의 통장에 실수령액을 적는 것은 어려운 것이 아니지만, 그래도 제3자가 확인해주는 과정이 필요합니다. 이 과정을 교사가 할 수도 있고 은행원의 활동으로 설정할 수도 있습니다. 은행원의 활동으로 통장에 기록된 내용을 확인하게 한다면 은행원에게 월급명세서를 복사해주고 명세서에 적힌 실수령액과 아이들의 통장에 적힌 금액이 일치하는지 확인하고 도장을 찍도록 하면 됩니다.

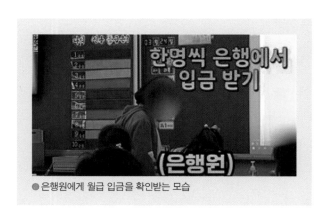

● 은행원에게 월급 입금을 확인받는 모습

월급 활동 에피소드

/

월급 담합사건

학급화폐 활동을 도입한 첫 해 첫 직업을 정할 때 수요와 공급에 의해 월급을 정해보려는 시도를 했습니다. 선발하는 인원수와 희망하는 인원수가 일치할 때의 금액으로 월급을 정하기로 한 것이죠. 월급의 적정금액을 알기 어려워 경매 방식으로 월급을 정해보기로 했습니다. 희망하는 사람의 수가 뽑는 인원수보다 많으면 점차 월급 액수를 낮춰가고 희망하는 사람의 수가 뽑는 인원수보다 적으면 월급 액수를 높여가는 방법을 썼습니다. 한 명을 뽑는 직업의 월급이 300미소인데 희망자가 2명이라면 1명만 손을 들 때까지 금액을 10미소씩 낮춰갔습니다. 반대로 아무도 손을 들지 않는다면 1명이 손을 들 때까지 월급을 10미소씩 올렸죠. 의도는 좋았으나 직업을 정할수록 아이들이 서로 눈치를 보며 월급이 많이 오를 때까지 기다리는 일이 생겼습니다. 자유로운 경쟁 상황이 아니라 눈치껏 월급이 올라갈 때까지 기다리는 일종의 담합 상황이 발생한 것이죠. 남은 직업이 적어질수록 아이들은 월급을 높이기 위한 소리 없는 담합을 하기 수월해졌습니다. 자연스레 처음에 정해진 직업의 월급보다 나중에 정한 직업들의 월급이 몇 배나 높은 상황이 생겨버렸습니다.

어쩔 수 없이 해당 방법으로 월급을 정하는 방법을 포기하고 교사가 임의로 월급의 수준을 정하는 방법을 사용하게 되었습니다.

기술의 발달로 인한 일자리 상실

코로나19 상황에서 아이들의 체온을 측정해주거나 손 소독, 교실 내 소독을 담당하는 '방역업체'라는 직업이 생겨났습니다. 교실에서 꼭 필요한 일이었기에 몇 달 동안 방역업체는 고정적인 교실 속 일자리로 자리 잡았습니다. 그런데 어느 날 학교에서 자동 손 소독기를 교실마다 배치하기로 결정했습니다. 친구들의 손 소독과 체온측정을 할 필요가 없어지자 자연스레 '방역업체'라는 직업이 사라졌습니다. 산업혁명 시기 기술의 발달로 일자리를 잃게 된 상황이 교실에서도 그대로 재현된 것이죠. 아이는 이렇게 이야기했습니다.

일자리를 빼앗겼어요.

● 자동 손 소독기 설치로 일자리를 잃은 아이

학교에서뿐만 아니라 집에서도 일자리를 잃은 것에 울적해 하던 아이는 다음날 바로 '손 소독기 관리인'이라는 직업을 새로 제안했습니다. 그리고 다음 직업을 정하는 날 자신이 제안한 직업이 만들어져 다시 직업을 가질 수 있게 되었죠.

세금 내는 아이들

나라에서 강제로 걷어가는 돈

이 세상에서 세금과 죽음을 제외하고 확실한 것은 하나도 없다.

미국의 정치인 벤저민 프랭클린(Benjamin Franklin)이 한 말입니다. 대체 세금이 뭐길래 죽음과 나란히 언급될 만큼 확실하다는 것일까요? 국어사전에서 세금의 뜻을 찾아보면 다음과 같이 나와 있습니다.

> **세금**[1] [명사] [행정] 국가 또는 지방 공공 단체가 필요한 경비로 사용하기 위하여 국민이나 주민으로부터 <u>강제로</u> 거두어들이는 금전.

위의 설명에서 '강제로 걷는다'는 말이 눈에 띕니다. 우리나라 헌법에는 또 이런 조항도 있습니다.

> **헌법 제32조** 모든 국민은 법률이 정하는 바에 의하여 <u>납세의 의무</u>를 진다.

초등학교에서 배우는 국민의 4대 의무 중 하나인 납세의 의무에 대한 내용입니다. 국민이라면 세금은 반드시 내야 합니다. 누구도 피할 수 없죠. 그런데 납세의 의무에 대해서는 가르치지만 막상 '세금'이 무엇인지에 대해서는 아이들에게 가르쳐주지 않고 있습니다. 세금에 대해서 잘 알지 못하는데 국가에서 내 돈을 강제로 걷어간다니 아깝다는 생각이 들지 않을까요? '헌법에 명시된 의무이기 때문에 무조건 내야 한다'라고 말하는 것보다 '세금'이 무엇인지 알려주는 게 우선 아닐까요?

학급화폐 활동의 첫 단계는 '나라 만들기'라고 설명했습니다. 우리 반만의 나라가 세워졌고 나라의 운영을 위해서는 돈이 필요합니다. 우리 반을 우리나라라는 설정으로 바꾸었을 뿐인데 세금과 관련된 활동을 직접 경험하며 세금에 대해 공부할 수 있는 기반이 마련된 것이죠.

학급화폐 활동에서 세금 활동을 하는 목적은 세금의 종류를 기억하고 공부하기 위한 것이 아닙니다. 세금 활동은 세 가지 정도의 목적을 갖고 있습니다. 첫 번째는 세금을 왜 내는지 이해하는 것입니다. 두 번째는 세금이 어디에 쓰이는지 이해하는 것, 그리고 세 번째는 세금이 어떻게 쓰여야 하는지 이해하는 것입니다.

교실 속 세금 수입

/

교실 속 세금 활동에서 세금 수입은 소득세, 자리임대료, 벌금 등이 있습니다.

소득세는 말 그대로 아이들에게 소득이 생길 때 걷는 돈입니다. 월급을 받을 때, 사업을 해서 소득이 생겼을 때 정해진 소득세율만큼 세금을 걷게 됩니다. 소득세율이 10%이고 내 월급이 300미소라면 30미소를 소득세로 내게 되는 것이죠. 이때 소득세를 얼마나 걷을지, 즉 소득세율을 얼마로 할지는 정해져 있지 않습니다. 실제로 학급화폐 활동을 운영하며 보통 10~20% 정도의 소득세율을 사용했습니다. 활동을 진행하며 상황에 따라 아이들과 상의해서 소득세율을 변동시켜 세금이 부족하면 더 많이 걷고 세금에 여유가 있으면 더 적게 걷으면 됩니다.

자리임대료는 나라의 소유인 책상과 의자가 있는 자리를 빌린 대가로 내는 사용료 개념입니다. 월급을 받을 때마다 정해진 자리임대료를 세금으로 내게 되는 것이죠. 만약 자리임대료를 활용하지 않는다면 소득세율이 더 높아져야 합니다. 일반적으로 300미소의 월급을 받는다면 공무원 월급 등 고정 세금 지출 비용이 있기 때문에 300미소 중 70~80미소 정도는 세금으로 거두어야 나라 운영을 위한 돈이 마련됩니다. 그런데 만약 자리임대료를 활용하지 않는다면 소득세율은 30~35% 정도가 되겠죠. 이 경우 세금을 너무 많이 낸다는 느낌이 들 수 있습니다.

그래서 자리임대료는 일종의 조세저항을 막기 위한 장치로 활용하고 있습니다. 이 외에도 교실에서 자리는 '부동산'과 같은 역할을 하기도 합니다. 자세한 내용은 뒤에서 알아보도록 하겠습니다.

벌금은 교실에서 정한 법을 어겼을 때 내야 하는 돈입니다. 회의를 통해 이 법을 어겼을 때 얼마의 벌금을 걷을지 함께 정하고 법을 어긴 아이들은 경찰(또는 공무원)에게 벌금을 납부하도록 합니다. 벌금을 관리하는 경찰(또는 공무원)은 벌금 기록 장부에 걷은 벌금을 기록하고 일주일에 한 번씩 모인 벌금을 국세청장 직업을 가진 친구에게 알려줍니다.

tip

경찰에게 벌금을 부과하는 권한을 주지 마세요!
경찰이라는 직업이 교실에서 벌금을 걷는 직업이지만 벌금을 부과하는 권한은 주지 않는 것이 좋습니다. 경찰 직업을 가지고 있는 아이가 교실의 모든 상황을 파악할 수 없기 때문에 벌금을 부과 받은 아이들이 경찰 직업을 갖고 있는 아이에게 불만을 갖게 될 수 있습니다. 그리고 벌금을 부과하는 권한이 일종의 권력으로 작용할 수도 있습니다. 그러므로 벌금을 걷는 것은 경찰이 하되 벌금의 부과는 교사가 하는 것이 좋습니다.

벌금은 최소한으로 하는 게 좋아요!
교실에서 벌금을 걷었을 때 생길 수 있는 부작용이 있습니다. 바로 아이들의 죄책감이 덜해진다는 것이죠. 자신의 잘못에 대한 책임을 지는 것으로 벌금을 활용했지만 벌금을 냈으니 잘못에 대한 책임을 모두 졌다는 생각에 미안한 마음이 들지 않게 될 수 있습니다. 그래서 시간이 지날수록 벌금 관련 활동은 축소하거나 없애려고 합니다. 가장 이상적인 것은 벌금 없이도 규칙을 지킬 수 있도록 지도하는 것이죠.

그 외에 세금 수입으로 삼는 항목들은 다음과 같은 것들이 있을 수 있습니다. 먼저 사업 활동을 하는 사업자들의 사업자 등록 비용이 있습니다. 사업 활동에서 자세히 설명하겠지만 사업 활동을 하길 원하는 아이들은 우선 정부에 사업자 등록을 해야 합니다. 이때 정해진 금액만큼 사업자 등록 비용을 지불하는데 이 금액을 세금 수입으로 처리하게 됩니다. 또 국가의 자리 매각 비용을 세금 수입으로 설정할 수 있습니다. 활동 시작 시 모든 책상과 의자가 나라의 소유이기 때문에 원하는 자리에 앉기 위해 자리를 구매한다면 해당 책상과 의자를 나라에서 구매하는 셈이므로, 이때 자리를 구매한 학생이 지출한 비용은 세금 수입으로 계산하게 됩니다. 이 외에도 교사가 원한다면 취득세, 등록세 등 다양한 세금 수입 항목들을 설정할 수 있습니다. 하지만 세금 수입의 종류가 너무 복잡해지면 오히려 혼란스러울 수 있으므로 세금 수입처는 너무 많이 마련하지 않아도 괜찮습니다. 소득세, 자리임대료 정도만으로도 나라 운영을 위한 세금 마련은 충분합니다.

교실 속 세금 지출은 이렇게!

/

세금을 걷어가기만 하고 활동이 마무리된다면 세금을 내는 이유를 납득할 수 없습니다. 오히려 쓸데없이 내 월급에서 빼앗아가는 돈으로 생각할 수 있겠죠. 그러므로 세금을 사용하는 세금 지출처를 마련하고 거두어들인 세금이 사용되는 것을 보여주어야 합니다. 세금은 국가의

2021년 9월 22일 5학년 2반 월급명세서

확인 후 실수령액을 통장에 직접 적어 은행원에게 확인 받으세요.
(예) 내용:9월 22일 월급 입금: 145미소

직업	이름	월급	저작권료	세금(15%)	자리임대료	전기요금	건강보험료	급식비	실수령액
	○○○	0	12	2	40	10	10	25	**-75**
공무원	○○○	280	32	46	40	10	10	25	**181**

● 원천징수 항목 중 세금이 아닌 항목

살림살이를 위해 사용합니다. 이는 학급화폐 활동에서도 마찬가지입니다. 학급화폐 활동에서 거둔 세금은 우리나라와 국민, 즉 우리 반 아이들을 위한 곳에 사용되어야 합니다. 교실에서 세금을 사용하는 지출처로는 다음과 같은 것들이 있습니다.

먼저 우리 교실에서 사용하는 다양한 물건을 구매할 수 있습니다. 교실에서는 학급운영을 위한 다양한 물건들이 소비되고 있습니다. 예를 들어 쓰레기 처리를 위한 쓰레기봉투, 수업을 위한 보드마카, 수업 중 활동지 인쇄를 위한 A4용지, 시계 건전지 등이 있죠. 이렇게 교실에서 소비되는 물건들을 우리가 낸 세금으로 구매해 사용하는 것이라고 아이들에게 안내합니다. 물론 학급화폐로 이러한 물건들을 실제로 구매할 수 있는 것은 아니지만 하나의 설정으로 적용하는 것입니다. 초등학교 교실의 물건들은 실제 대한민국의 세금으로 구매한 것이기도 하기 때문에 세금 지출처로서 교실에서 사용하는 물건을 설정하는 것에는 큰 무리가 없습니다.

쓰레기 처리 비용도 세금으로 지출할 수 있습니다. 교실에서 발생하는 쓰레기를 학교 쓰레기 분리장에 배출할 때마다 세금을 지출하는 비용을 정해두는 것이죠. 학급에서 쓰레기봉투에 쓰레기를 모아 버린다면 봉투 하나당 세금 지출 비용을 설정해둡니다. 그렇지 않다면 한 번 쓰레기통을 비울 때마다 세금을 지출하는 것으로 설정할 수 있습니다. 쓰레기가 많아 자주 버릴수록 세금 지출은 더 많아지겠죠.

> **tip**
> 재활용 쓰레기는 세금 지출을 하지 않아요!
> 쓰레기 처리 비용의 경우 일반쓰레기를 처리할 때만 지출하도록 설정합니다. 플라스틱, 종이 등은 재활용이 가능하므로 지출이 발생하지 않는다고 설정해두는 것이 좋습니다. 이러한 설정으로 아이들이 재활용 가능한 쓰레기의 분리배출에 좀 더 신경 쓸 수 있도록 유도할 수 있습니다.

급식을 하는 교실이라면 음식물 쓰레기 처리 비용도 세금 지출 항목으로 설정해둘 수 있습니다. 교실에 저울이나 체중계를 마련해두고 아이들이 남긴 잔반의 무게에 따라 잔반 처리 비용을 세금으로 지출하는 것이죠. 교과서에서 음식물 쓰레기 관련 내용을 다룰 때 자주 사용하는 공익광고가 있습니다. 음식물 쓰레기 처리 비용을 자동차의 가격에 비교하는 공익광고죠. 하지만 아이들에게는 음식물 쓰레기 처리 비용이 연간 중형차 100만 대라고 이야기하는 것보다 음식물 쓰레기가 많을수록 우리가 낸 세금이 많이 쓰이는 것을 보는 쪽이 더 쉽게 와 닿습니다. 음식물 쓰레기를 처리하는 데 비용을 지출하게 함으로써 음식물 쓰레기의 양에 따른 사회적 비용에 대해 이해시킬 수 있습니다.

● 음식물 쓰레기의 무게를 재는 모습

● 그날 잰 음식물 쓰레기의 무게를 국세청에 신고하는 모습

음식물 쓰레기의 무게는 급식 도우미 직업을 가진 아이들이 직접 측정하고 장부에 기록합니다. 이때 빈 통의 무게는 미리 측정하여 통의 무게는 제외하고 기록하도록 합니다. 그리고 1kg에 10미소 혹은 100g에 1미소 등으로 무게에 따라 처리 비용을 설정해둡니다. 보통 교실에서의 잔반은 2kg 정도의 무게가 나오니 참고하면 좋을 것 같습니다. 이렇게 나온 무게와 비용을 쓰레기 처리 비용 장부에 기록합니다. 그리고 국세청장 친구에게 오늘 세금 지출한 비용만큼을 신고하고 국세청장의 확인 도장을 받습니다.

교실에서 이루어지는 행사성 활동에 세금 지출을 한다고 설정해둘 수도 있습니다. 예를 들어 수업 중이나 점심 시간에 영화를 본다면 '국민문화행사'라는 명목으로 세금 지출을 하도록 할 수 있습니다. 아이들에게 피구 시간을 제공하거나 운동회를 한다면 '국민체육행사'라는 이름을 붙일 수 있겠죠. 또 교실에서 생일파티를 한다면 파티에 필요한 물건 구매 또는 파티 개최 자체에 세금을 지출한다는 설정을 할 수도 있습니다.

공무원이라는 직업이 있다면 공무원 월급을 세금으로 지급할 수도 있

● 월급날 공무원 월급을 세금에서 지출한 기록

습니다. 다만 공무원 월급을 세금으로 지급하면 세금에서 아주 큰 비중을 차지하게 된다는 사실을 알고 있어야 합니다. 그러므로 세금 수입과 공무원의 월급을 비교하여 지급이 가능한지를 먼저 판단하는 것이 좋습니다. 23명 정도의 교실에서 3명의 공무원이 있다면 한 번 거두는 세금의 1/2 정도가 공무원 월급으로 지출되게 됩니다.

> **tip**
> 세금 지출 금액은 얼마 정도로 하면 될까요?
> 세금 수입과 지출은 정확한 계산을 위한 것보다 세금의 의미와 필요성에 대해 알려주기 위한 목적이 큽니다. 그러므로 세금 지출 항목별 금액을 교사가 임의로 정한 뒤 우리 반의 세금 사정에 따라 적절히 조절하여 세금이 여유로운 상황, 세금이 부족한 상황 등을 연출할 수 있습니다. 추후 가격이 변동되었다며 세금 지출 비용을 조정해도 괜찮습니다.

세금을 관리하는 직업, 국세청장

/

학급화폐 활동에서 세금 활동을 위해 필요한 직업이 있습니다. 바로 국세청장(혹은 세무서장)입니다. 국세청장은 나라의 세금 수입과 지출을 장부에 기록하고 남은 세금을 게시하는 역할을 합니다. 국세청장 장부를 마련해 용돈기입장처럼 날짜, 내용, 수입, 지출, 잔액 등을 기록할 수 있도록 합니다.

월급날 들어오는 세금은 월급명세서에 계산되어 있기 때문에 국세청장이 직접 보고 기록합니다.

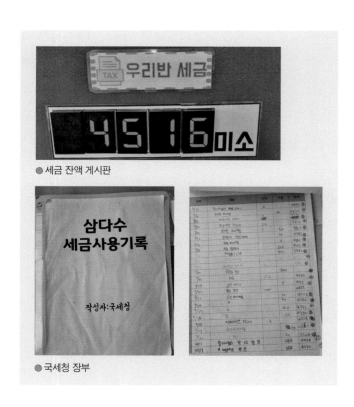

● 세금 잔액 게시판

● 국세청 장부

그리고 벌금, 사업소득세 등 개인적으로 국세청에 세금을 납부하러 오
는 경우도 있기 때문에 국세청장 직업에는 도장을 마련해두는 것이 좋
습니다. 단순 계산을 하긴 하지만 실수를 줄이기 위해 국세청장용 계
산기도 마련해주면 좋습니다.

급식도우미	OOO	350	12	54	40	10		10	25	223
환경미화원	OOO	310	17	49	0	10		10	25	233
				소득세 합계	자리임대료 합계				세금 총 수입	
세금 합계				876	840					1716

● 월급명세서에 기록된 세금 합계

세금 활동 에피소드

/

소득세에 대한 아이들의 반응

아이들이 첫 월급을 받고 나면 세금을 뗀다는 사실에 탄성을 내지릅니다. 월급을 다 받는 줄 알았는데 세금 등을 원천징수한 뒤에 받게 되기 때문이죠. 15%의 소득세율에 따라 세금을 처음 낸 뒤 아이들에게 어떻게 생각하는지 물어보았습니다. 아이들마다 다양한 반응들을 보였습니다.

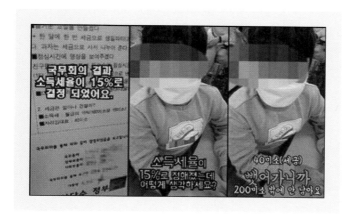

월급에서 세금을 빼앗아가요.

세금을 너무 많이 내는 것 같아요. 적게 내면 안 돼요?

세금 내는 것을 아까워하는 친구들이 있었습니다. 내가 번 돈을 나라에서 강제로 가져가는 것이니 아까운 생각이 들 법도 합니다. 대부분 이렇게 생각하지 않을까 염려했는데 또 다른 생각을 하는 아이들도 많았습니다.

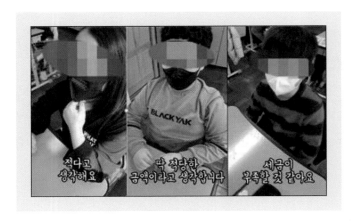

우리 반이 음식물 쓰레기를 많이 남기는데 세금이 모자랄 것 같아요.

나라의 발전을 위해서라면 이 정도는 필요하다고 생각해요.

한 20% 정도로 내야 한다고 생각해요.

세금이 왜 필요하고 어디에 쓰이는지 알려주지 않았다면 아깝다고 생각하는 아이들이 대부분이었을 겁니다. 하지만 우리나라와 국민을 위해 세금이 쓰이고 있다는 것을 이해하자 세금을 내는 것이 아깝다고 생각하지 않는 아이들이 많았습니다.

뼈 무게는 빼야 하는 거 아니에요?
음식물 쓰레기 처리 비용으로 매일 40미소 정도의 세금을 지출했습니다(1kg당 20미소의 세금 지출). 그러자 아이들은 점심 시간에 자연스럽게 이런 말들을 하기 시작했습니다.

얘들아, 먹을 만큼만 받아!
오늘도 음식물 쓰레기 많이 나왔어! 쓰레기 좀 줄이자!

그리고 급식 메뉴로 갈비찜이 나온 날 한 아이가 저에게 다가와 이런 말을 했습니다.

선생님, 뼈 무게는 빼야 하는 거 아니에요?

아이들이 세금을 내는 활동에, 그리고 자신이 낸 세금이 쓰이고 있는 것에 얼마나 관심을 갖고 있는지, 세금에 얼마나 진심인지 볼 수 있는 대목이었습니다. 사실 아이들의 말에도 일리가 있었습니다. 그래서 먹을 수 없는 생선 가시, 고기의 뼈, 바나나 껍질 등은 따로 모아 음식물 쓰레기의 무게에 들어가지 않도록 했습니다.

신용등급 관리하는 아이들

금융생활의 신분증 신용점수

대한민국의 모든 성인은 자신의 신용점수를 가지고 있습니다. 그리고 이 신용점수는 개인의 금융생활에 영향을 미칩니다. 신용카드의 발급 여부뿐만 아니라 대출가능 여부, 대출 금리에도 영향을 주죠. 그런데 신용점수에 대해 제대로 배우지 못하고 사회에 나와 신용점수의 관리 방법이나 중요성에 대해 모른 채 경제생활을 하면 성인으로서 경제생활의 첫 단추가 잘못 꿰어질 수 있습니다. 심지어 신용점수라는 것이 있다는 사실도 알지 못한 채 어른이 되는 경우도 있습니다. 그렇다면 금융생활에서 중요한 신용점수에 대해서도 아이들에게 알려주면 어떨까요? 신용점수라는 것이 우리의 금융생활에 영향을 준다는 것도 학급화폐를 통해 알려줄 수 있습니다. 그렇다면 어떤 방법으로 아이들에게 신용등급에 대해 알려주면 좋을지 살펴보겠습니다.

학급화폐 활동에는 없는 대출

/

학급화폐 활동에서는 대출 활동이나 신용카드 등 빚을 내는 활동을 마련해두지 않고 있습니다. 빚에 대한 것도 분명 가르쳐야 할 내용이지만 초등학교 속 학급화폐 활동에서는 활용하지 않는 것이 좋겠다고 판단했습니다.

그 이유는 첫째, 빚을 내는 것보다 먼저 배워야 할 내용들이 있기 때문입니다. 학급화폐 활동은 아이들이 처음 경제와 금융에 대해 배운다고 생각하고 이끌어가는 활동입니다. 물론 이미 경제·금융지식을 어느 정도 가지고 있어 이해할 수 있는 아이들도 있겠지만 그렇다고 그 아이들의 수준에 맞춰 활동을 구성할 수는 없습니다. 교실 속 모든 학생들이 함께 활동에 참여할 수 있도록 빚에 대해 배우기 전 소득과 지출, 저축, 투자 등에 대한 활동을 우선적으로 구상해야 합니다. 그 과정에서 대출이라는 개념은 후순위로 밀려날 수밖에 없습니다.

둘째, 학급화폐 활동은 1년으로 마무리되는 활동이기 때문입니다. 빚의 규모에 따라 차이가 있겠지만 빚을 내면 갚는 데까지 꽤 긴 시간이 필요합니다. 그런데 만약 빚을 갚지 않은 채로 학년이 마무리된다면 빚과 이자 그리고 상환의 책임 등에 대한 배움 없이 활동을 마무리하게 될 수 있습니다. 돈을 빌렸지만 제대로 갚지 않은 채 흐지부지 마무리 된다면 빚에 대한 잘못된 인식을 갖게 할 수 있습니다.

교실에서 신용등급 설정하기

2021년 1월 1일부터 대한민국에 신용등급 제도는 사라졌습니다. 대신 신용점수 제도로 바뀌었죠. 하지만 학급화폐 활동이 이루어지는 교실에서는 여전히 신용등급을 활용하고 있습니다. 이자율 산정 등에 어려움이 있기 때문이죠. 신용점수에 따라 이자율에 차등을 두더라도 결국 구간을 정해 이자율을 설정하게 될 텐데, 이러한 구간 설정이 결국 신용점수에 따라 등급을 구분하는 것과 큰 차이가 없습니다.

학급화폐 활동 속 신용등급 활동은 실제 신용점수와 두 가지 측면에서 큰 차이가 있습니다. 실제 신용점수는 개인의 신용대출 금리에 영향을 주지만 학급화폐 활동 속 신용등급은 예금금리에 영향을 준다는 것과 신용점수의 산출 방법에 차이가 있습니다. 이러한 두 가지 차이는 학급화폐 활동에 대출 활동을 마련해두지 않았기 때문에 생기는 차이입니다.

먼저 학급화폐 활동의 신용등급은 대출금리가 아닌 예금금리에 영향을 줍니다. 학급화폐 활동에는 대출도 신용카드도 없습니다. 그렇기 때문에 신용등급이 영향을 줄 수 있는 요소가 없습니다. 자연스레 신용등급의 의미나 역할도 없어지죠. 그래서 대안으로 신용등급이 예금 이자에 영향을 주도록 설정합니다. 신용등급(신용점수)이라는 것이 나의 금융생활에 영향을 준다는 것을 배울 수 있도록 설정하는 것이죠.

또 다른 차이점은 신용점수와 등급의 산출 방식입니다. 실제 신용점수는 돈을 빌리고 제때 갚았는가에 대한 것으로 점수를 계산합니다. 빌린 돈을 제때 갚았다면 신용점수가 오를 것이고 빌린 돈을 제때 갚지 않았다면 신용점수가 하락합니다. 하지만 대출이 없기 때문에 빌린 돈을 갚는 것이 신용점수에 영향을 준다는 설정을 그대로 교실에 가져올

tip

신용등급이 취업에 영향을 준다고요?!

신용등급을 직업별 자격기준으로도 활용할 수 있습니다. 신용등급은 교실생활에 대한 성실도의 척도로 볼 수 있으므로 꼼꼼함을 요하는 직업에 지원하기 위해서는 신용등급이 필요함을 사전에 안내하고 활용할 수 있습니다. 은행원, 투자회사 직원, 국세청 등은 수입, 지출을 정확히 관리해야 하기 때문에 직업을 갖고 있는 아이의 꼼꼼함이 필요할 수밖에 없습니다. 그렇지 않다면 교사가 매일 활동을 옆에서 도와줘야 하는 일이 생길 수도 있습니다.

직업의 종류	선발 인원	월급 (단위: 미소)	하는 일	자격기준
국세청	1	300	나라의 세금 수입, 지출이 있을 때 장부에 기록하고 남은 세금을 게시판에 게시합니다.	수학자격증 3급 이상 신용등급 3등급 이상

● 신용등급이 직업 자격기준으로 활용되는 모습

수가 없습니다. 그래서 학급화폐 활동에서는 '제때 약속한 것을 한다는 것', 즉 시간 약속에 대한 내용만 가져와 신용점수를 계산합니다. 빌린 돈을 '제때' 갚는 것도 어떻게 보면 시간 약속이기 때문이죠. 그래서 학급화폐 활동에서는 교실 안에서 시간을 지켜야 하는 것들과 신용점수를 연결 짓습니다.

신용등급 활동에서 고려할 점

/

신용등급 활동을 시작하기 전에 교사는 몇 가지 사항을 정해두어야 합니다. 학급화폐 활동에서 10등급으로 신용등급을 구분하고 있다고 생각했을 때 등급의 시작 위치, 신용등급 게시 여부가 그것입니다.

신용등급의 시작 위치는 세 가지 방법 중 하나를 선택합니다. 첫 번째는 가장 높은 등급에서 시작하는 방법, 두 번째는 중간 단계에서 시작하는 방법, 마지막은 가장 낮은 등급에서 시작하는 방법입니다. 가장 높은 등급에서 시작하는 방법은 아이들이 처음부터 높은 예금이자율의 혜택을 받을 수 있어 저축 활동의 활성화에 유리하다는 장점이 있습니다. 하지만 상승의 경험 없이 하락만 경험할 수 있다는 점이 단점입니다. 아이들이 등급이 떨어지지 않을 정도로만 신용점수를 관리하게 되는 문제가 생길 수도 있죠.

중간 단계인 5등급이나 6등급에서 신용등급을 시작하도록 하는 방법은 실제 신용점수제를 가장 잘 반영한 방법이라는 장점이 있습니다. 실제 사회초년생의 신용점수는 중간 정도인 400~600점(1,000점 만점)에서 시작하기 때문이죠. 하지만 이 경우 활동 초기 신용등급이 상승하는 아이들과 하락하는 아이들이 동시에 발생하여 등급 격차가 심하게 발생한다는 문제점이 있습니다. 이 경우 낮은 등급인 아이들이 벌어지는 격차에 등급 관리를 일찍부터 포기해버릴 수 있습니다.

마지막으로 가장 낮은 등급에서 시작하는 방법은 세 가지 방법 중 가장 추천하는 방법입니다. 활동 초기 낮은 예금이자로 시작하기는 하지만 시간이 지나면서 신용등급의 상승 경험을 할 수 있고 신용등급을 올리기 위한 노력을 하도록 유도하기에도 적합합니다. 초반 격차가 심하게 벌어지지 않기 때문에 모든 아이들이 의욕을 유지할 수 있도록 하는 데도 도움이 됩니다.

다음으로 신용등급의 게시 여부도 결정해야 합니다. 모든 학생들의 신용등급을 게시판에 게시할 수도 있지만 학생들 간에 서로를 판단하는 기준으로 작용하는 부작용이 발생할 수 있기 때문에 추천하지 않습니다. 전체적인 게시보다는 개인만 확인할 수 있도록 안내하는 것이 좋습니다. 자격증을 관리하는 표에 신용등급 항목을 추가하는 것도 한 가지 방법입니다.

신용등급 계산하는 법(통계청)

/

앞서 설명한 것처럼 학급화폐 활동에서는 교실 안에서 시간을 지켜야 하는 것들과 신용점수를 연결 짓습니다. 교실 안에서 시간을 지켜야 하는 것에는 과제물이나 가정통신문 제출, 지각 등이 있겠죠. 이러한 내용들은 교사가 기록하거나 통계청장 직업을 가진 학생이 수행하게 됩니다. 제출물 제출 여부는 통계표에 다음과 같이 기록합니다.

●통계표에 기록된 제출물 기록

정해진 기한까지 제출해야 하는 가정통신문이나 숙제, 일기 등의 과제물을 제출했다면 통계표에 O 표시를 하고 신용점수 +1점으로 계산합니다. 만약 과제를 제출해야 할 기한이 지났다면 X 표시가 되고 신용점수는 -1점이 됩니다. 과제물을 제때 제출하지 않아 X 표시가 되었는데 뒤늦게 제출했다면 X 표시 위에 O 표시를 하고 신용점수를 계산할 때는 0점으로 계산합니다. 만약 교실에 '일기 면제권' 등의 쿠폰이 있다면 면제라고 기록하고 0점으로 계산합니다.

이때 X 표시가 되어 있는 과제물은 교사가 따로 챙겨 제출을 완료할 수 있도록 지도해야 합니다. 그렇지 않다면 신용등급이 내려가는 것을 감수하고 과제를 하지 않는 아이들이 발생할 수 있습니다. 학급화폐 활동과 별개로 학급에서 과제 제출, 지각 등에 대한 지도가 이루어져야 한다는 것입니다.

지각의 경우 일주일 동안 한 번도 지각을 하지 않았다면 신용점수 +1점으로 하고, 한 번 지각할 때마다 신용점수 -1점이 되도록 설정합니다.

tip

신용점수에 영향을 주지 않는 가정통신문

가정통신문 제출 여부로 신용점수를 계산할 때 필수 제출이 아닌 가정통신문은 제외하도록 합니다. 예를 들어 방과후 수강신청서의 경우는 신용점수에 영향을 주지 않도록 하는 것이죠. 또한 개인정보가 포함되어 있는 제출물의 경우 교사가 따로 관리해야 합니다. 신용등급 변동이 적다면 통계표의 O나 X 하나당 더하거나 빼는 점수의 크기를 늘릴 수 있습니다.

신용등급 계산하는 법(신용평가위원)

/

학급화폐 활동 속 신용점수는 100점을 만점으로 10개 등급으로 구분하고 있습니다. 신용점수의 만점 기준을 높이면 신용점수 상승이 너무 어려워질 수 있습니다. 신용등급 활동의 목적 역시 아이들을 줄 세우기 위한 것이 아니라 신용등급이 금융생활에 영향을 준다는 것을 알려주기 위함임을 잊어서는 안 됩니다. 그리고 신용등급의 상승이 너무 어렵지 않도록 하는 것도 중요합니다. 1년에 걸쳐 1등급이 되도록 하는 것이 아니라 2~3개월 정도면 1등급에 충분히 도달할 수 있을 정도로 신용등급을 설정해두어야 합니다. 이후에는 높은 등급의 신용등급을 유지할 수 있도록 하는 것으로 충분합니다.

신용등급	신용점수
1등급	90~100점
2등급	80~89점
3등급	70~79점
4등급	60~69점
5등급	50~59점
6등급	40~49점
7등급	30~39점
8등급	20~29점
9등급	10~19점
10등급	0~9점

● 신용점수에 따른 신용등급표 예시

신용등급을 산정하는 신용평가위원은 매주 1회(주로 금요일) 통계청의 통계표를 받아 신용점수를 계산합니다. 지난주까지 신용점수가 17점인 친구가 이번 주 통계표상에서 신용점수가 5점 추가되었다면 신용점수 관리표에 22점으로 기록하고 등급이 올랐음을 표시하는 것이죠.

1등급	2등급	3등급	4등급	5등급	6등급	7등급	8등급	9등급	10등급		
900이상	80-89	70-79	60-69	50-59	40-49	30-39	20-29	10-19	0-9		
번호	이름	3/12	3/19	3/26	4/2	4/9	4/16	4/23	4/30	5/7	5/21	5/28
1		11	74	20	20	22	29	35	41	46	54	59
2		11	74	20	24	26	35	41	48	53	61	67
3		11	12	20	22	24	31	37	44	49	59	63
4		11	14	20	24	26	35	41	48	53	62	68
5		11	14	18	22	23	32	36	36	41	49	53
6		9	12	11	13	15	10	14	14	11	11	11
7		11	14	19	23	25	34	40	47	52	60	66
8		11	74	20	24	26	35	41	48	53	61	67
9		9	12	18	22	24	33	39	44	49	59	63
10		11	74	20	24	26	35	41	48	53	61	67
11		11	74	18	21	23	30	36	37	40	46	49
12		11	74	20	22	24	33	39	46	51	60	66
13												
14												
15												
16												
41		11	74	17	21	23	30	33	37	40	46	54
42			3									
43		9	12	18	22	24	33	39	46	51	59	63
44		11	74	20	24	25	34	40	47	52	60	66
45		11	74	20	24	26	35	41	45	50	58	64
46		9	12	18	22	24	33	39	43	48	56	61
47		11	12	15	17	19	25	30	35	40	47	50
48		10	13	9	9	11	14	18	13	14	17	13
49		11	~9	3	7	7	20	21	29	39	40	
50		11	74	20	24	26	33	39	45	48	55	57
51		9	70	12	14	16	17	23	29	34	41	45
52		11	74	20	24	25	34	40	47	51	59	64
53												
54												

● 신용등급 관리표

십의 자리를 보면 신용등급이 보여요!

100점 기준의 10등급 신용등급은 10점 단위로 등급이 바뀝니다. 이때 십의 자리를 보면 해당 학생의 신용등급을 쉽게 확인할 수 있습니다. 10에서 해당 학생의 신용점수 십의 자리 숫자를 빼면 됩니다. 만약 한 학생의 신용점수가 73점이라면 십의 자리 숫자가 7이므로 10에서 7을 뺀 3등급이 신용등급입니다. 이러한 원리를 활용해 신용평가위원은 이번 주에 신용등급이 바뀐 친구가 있는지 확인할 때 지난주 신용점수와 이번 주 신용점수의 십의 자리 숫자만 확인하면 됩니다.

지난 주 신용점수	이번 주 신용점수	해석
6̲3	5̲9	등급이 낮아졌다.
6̲8	7̲1	등급이 올랐다.
5̲3	5̲9	등급 변화가 없다.

소비하는 아이들

돈은 쓰기 위해 버는 것

/

돈이 필요한 이유는 하나입니다. 돈을 쓰기 위해서입니다. 쓰지 않는다면 돈은 종잇조각에 불과합니다. 하지만 돈에 가치가 있는 이유는 그 종이를 재화나 서비스로 교환할 수 있기 때문입니다. 학급화폐도 교실 밖에서는 아무런 의미가 없는 숫자에 불과합니다. 하지만 교실 안에서는 재화와 서비스로 바꿀 수 있기 때문에 의미를 갖게 됩니다.

학급화폐 활동에서 소비할 곳을 마련해두는 것은 돈을 벌고 모으고 관리하는 목적을 제공한다는 측면에서 매우 중요합니다. 돈을 쓸 곳이 없으면 학급화폐 활동 자체는 동력을 잃게 됩니다.

과소비와 사치가 나쁜 것이지 돈을 쓰는 것 자체를 부정적으로 생각해서는 안 됩니다. 그건 돈을 벌고 모으는 목적 자체를 부정하게 되는 것이죠. 만일 학급화폐 활동에 참여하며 돈을 한 푼도 쓰지 않는 아이가 있다면 활동이 제대로 이루어지지 않고 있는 것입니다. 물론 번 돈을 모두 써버리는 아이도 바람직하지 않죠. 소비와 저축, 투자가 고르게 이루어질 수 있도록 해야 합니다. 그리고 이렇게 유도할 수 있는 방법은 소비처를 잘 마련해두는 것입니다.

이번에는 학급화폐 활동 속에 반드시 마련해두어야 하는 여러 소비처에 대해 알아보겠습니다. 학급화폐 활동에서 소비하는 곳은 크게 작은 소비처와 큰 소비처로 나뉩니다. 그리고 학급화폐 활동에서는 이 두 가지 소비처를 모두 잘 마련해두어야 합니다.

현재의 만족감을 위한 작은 소비처

/

학급화폐 활동에서 마련해야 하는 첫 번째 소비처는 작은 소비처입니다. 말 그대로 적은 금액을 사용해서 구매할 수 있는 재화나 서비스를 말합니다. 작은 소비처는 아이들에게 돈을 써서 현재의 만족감을 얻게 하는 역할을 합니다.

만약 현재의 만족감을 느낄 수 있는 매력적인 소비처가 마련되어 있지 않다면 어떤 일이 발생할까요? 돈을 쓸 곳이 없으니 자연스레 통장에 돈이 모이게 될 것입니다. 겉으로 보면 자산이 늘고 있으므로 돈 관리를 잘하는 것처럼 보일 수도 있겠죠. 하지만 쓸 곳이 없어 돈이 쌓이는 것은 자산관리를 잘하는 것이라고 보기 어렵습니다. 돈 관리를 잘한다는 것은 현재의 만족감을 얻고자 하는 욕구를 조절할 수 있는 능력을 뜻합니다. 그러므로 지금 돈을 써서 만족감을 얻을 수 있도록 유도하는 매력적인 작은 소비처를 마련해야 합니다. 학급에서 활용할 수 있는 작은 소비처에는 다음과 같은 것들이 있습니다.

적은 금액으로 구매할 수 있는 물건
과자, 초콜릿, 사탕, 샤프심, 지우개, 연필 등

●교실 속 가게에서 판매하는 다양한 과자

적은 금액으로 구매할 수 있는 서비스

급식 먼저 먹기 쿠폰, 숙제(일기) 면제권, 칠판 낙서 이용권, 음악 신청하기 등

● 교실에서 적은 금액으로 구매할 수 있는 다양한 서비스

미래의 만족감을 위한 큰 소비처

작은 소비처가 현재의 만족감을 얻기 위한 욕구를 일으키는 역할을 했다면, 큰 소비처는 미래의 만족감을 위해 현재의 만족감을 조절하도록 유도하는 역할을 합니다. 큰 금액의 소비처는 작은 소비처와 함께 반드시 마련되어야 합니다.

큰 금액 소비처가 제대로 마련되어 있지 않다면 학급화폐 활동에서 돈을 모을 필요가 없습니다. 1년이 지나버리면 학급화폐는 사용할 수 없기 때문이죠. 매력적인 큰 금액 소비처는 학급화폐 활동의 목적성을 만들어줍니다. 교실에서 활용할 수 있는 큰 소비처에는 다음과 같은 것들이 있습니다.

교실에서 활용할 수 있는 큰 소비처

원하는 자리 구매권, 선생님과의 나들이 쿠폰, 학기 말 경매참여 등

6

저축하는 아이들

저축만으로 되진 않지만 그래도 저축이 필요하다!

/

"아껴 쓰고 절약하라, 그리고 저축하라." 어릴 때부터 수없이 들어온 말입니다. 사실상 우리가 어릴 때부터 받아온 경제·금융교육은 저축에 관한 내용이 전부였습니다. 하지만 지금은 저축만으로 돈 관리를 하는 시대가 아닙니다. 1~2%의 예금이자율이 일반적이라 100만 원을 저축해도 1년 뒤에 1~2만 원 정도의 이자밖에 받지 못하죠. 여기에 세금까지 떼어가면 '내가 이 돈을 받으려고 1년간 열심히 저축했나' 하는 생각이 듭니다. 그래서 사람들은 투자에 눈을 돌리기 시작했습니다. 저축만 해서는 답이 없다고 생각하는 거죠. 오죽하면 '벼락거지'라는 말도 생겨났겠습니까. 예전에는 투자를 하면 망한다는 생각을 갖고 있었지만 지금은 반대로 저축하면 큰일 난다는 생각을 갖고 있어 적극적으로 투자에 나서게 된 것이죠. 이렇게 요즘 사람들은 저축보다는 투자에 더 관심을 가지고 있습니다. 하지만 그렇다고 저축에 대해 아이들에게 가르치지 않아도 되는 것은 아닙니다. 그 이유는 저축하는 이유를 살펴보면 알 수 있습니다.

저축의 첫 번째 이유는 이자로 추가적인 소득을 얻기 위한 것입니다. 돈을 가만히 들고 있는 것보다는 은행에 예금이라도 해두는 것이 금융소득(또는 자본소득)인 이자를 받아 돈을 불릴 수 있는 길입니다. 물론 이자를 받기 위한 것이라는 이유만 두고 보면 저축의 필요성은 낮습니다. 1980년대의 20~30% 예금금리 시절에는 납득할 수 있었겠지만 1~2% 이자율의 2020년대에는 그다지 공감이 되지 않습니다. 하지만 저축은 이자수익을 얻기 위해서만 하는 것이 아닙니다. 돈을 모으는 습관 등 다른 이유들을 살펴보면 낮은 이자율에도 불구하고 아이들에게 저축을 가르쳐야 하는 이유는 충분하다고 할 수 있습니다.

저축의 두 번째 이유는 소비를 억제하기 위한 것입니다. 돈을 늘리는 방법은 간단합니다. 소득을 늘리든지 지출을 줄이든지 둘 중 하나입니다. 물론 소득을 늘리면서 지출을 줄이면 내 자산은 더 늘어나겠죠. 하지만 무조건적인 절약은 좋지 않습니다. 소비는 경제 활동에서 중요한 축을 담당합니다. 소비가 있어야 경제가 돌아가고 경제 발전이 이루어지죠. 하지만 소득을 늘려서 내가 가지고 있는 돈을 늘리는 것이 어려울 때는 우선 소비를 줄이는 방법을 선택해야 합니다. 이때 많이 사용하는 방법이 버는 돈에서 일부를 우선 저축하고 남은 돈으로 생활하는 것이죠. 인터넷으로 예·적금 가입과 해지가 쉬운 시대에 살고 있지만 소비 억제를 위해 은행에서만 해지가 가능하도록 저축을 하는 사람들도 있습니다.

저축의 이유 세 번째는 목돈을 만들기 위해서입니다. 내가 갖고자 하는 재화나 서비스가 지금 현재 가지고 있는 돈으로는 구매하기 어려울 경우 우리는 저축을 합니다. 목표하는 금액을 차근차근 만들어가는 것이죠. 혹은 투자의 자본금을 만들기 위해 목돈이 필요할 수도 있습니다. 100만 원의 10%는 10만 원이지만 1,000만 원의 10%는 100만 원이기 때문에 투자의 효율을 올리기 위해 저축을 합니다.

저축 활동의 목적

/

학급화폐 활동의 다양한 활동 중 가장 기본이 되며 필수적인 활동이 저축 활동이라고 할 수 있습니다. 만약 저학년에서 활동을 적용한다면 소득, 소비, 저축의 세 가지 활동을 기초로 시작할 수 있습니다. 이렇게 학급화폐 활동에서 필수적인 저축 활동에는 세 가지 목적이 있습니다.

첫째, 아이들이 자본소득에 대해 경험하도록 합니다. 경제·금융공부를 한 적이 없는 아이들에게 돈을 버는 방법에 대해 물으면 대부분 직업을 갖고 월급을 받는 근로소득에 대해 말합니다. 소득을 얻는 방법이 다양한데도 경험해보지 못했기 때문에 생각하기 어려운 것이죠. 그래서 저축을 통해 근로소득 이외에 돈으로 돈을 버는 방법, 즉 자본소득에 대해서도 경험하도록 합니다.

둘째, 이자율에 대해 배울 수 있습니다. 저축 활동을 통해 이자율에 대해 자연스럽게 배울 수 있습니다. 자신이 저축한 금액과 이자율, 그리고 받게 되는 이자를 통해 백분율에 대한 감각을 익힐 수 있습니다.

마지막으로 저축하는 습관을 기를 수 있습니다. 대략 2주마다 돌아오는 급여일에 규칙적으로 저축하고 이자를 받는 경험을 하도록 할 수 있습니다. 1년간의 경험은 아이들에게 저축의 습관을 길러주기에 충분합니다.

예금과 적금의 차이

/

가장 기본적인 저축 방법에는 정기적금 방식과 정기예금 방식이 있습니다. 정기적금은 만기 때까지 정해진 주기마다 돈을 입금해야 하는 방식이고, 정기예금은 저축에 가입하고 만기 때까지 추가적인 돈을 입금할 필요가 없는 방식입니다. 그중 학급화폐 활동에서 활용하기 좋은 저축 상품은 정기예금 방식입니다. 정기적금으로 저축 상품을 마련한다면 매주 한 번씩 아이들이 돈을 입금하고 은행원이 확인하는 번거로움이 있습니다. 그리고 이자의 계산 방법도 복잡하죠. 하지만 정기예금으로 할 경우 그런 어려움이 사라지게 됩니다.

그래도 정기적금 상품으로 활동하고 싶다면?

학급화폐 활동에서 활용하기 좋은 저축 방식은 예금입니다. 하지만 적금을 활용하고 싶다면 방법이 없는 것은 아닙니다. 실제 1개월을 교실에서는 1주일에 대입시키면 학급화폐 활동에서도 적금을 활용할 수 있습니다. 이자의 계산은 포털사이트의 '이자계산기'를 활용해 구할 수도 있죠. 예를 들어 1주에 30미소씩 12주 만기 이자율 10%인 상품을 교실에서 판매한다면, 이자계산기에는 다음과 같이 입력해서 받게 될 이자를 구할 수 있습니다.

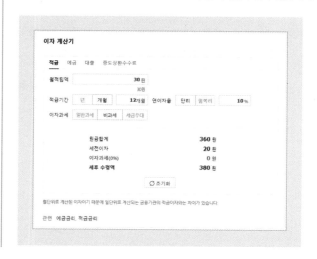

적절한 저축 기간

/

다음으로 정해야 할 것은 정기예금을 가입한 뒤 만기까지의 기간입니다. 일반적으로 은행의 예금 상품은 1년을 기준으로 합니다. 하지만 학급화폐 활동에서 1년은 너무 긴 시간입니다. 교실에서는 아이들이 저축 만기의 경험을 여러 번 할 수 있도록 두 달 이상을 넘기지 않도록 만기 기간을 설정할 것을 추천합니다. 그리고 일주일 단위로 기간을 설정(6주 만기, 12주 만기 등)해 만기 날짜를 확인하기 쉽게 합니다.

정해진 저축 기간이 지나면 '만기'가 되어 맡긴 돈과 정해진 이자율에 따른 이자를 받게 됩니다. 하지만 만약 만기가 되기 전에 맡긴 돈을 찾는다면 '중도해지'가 되어 이자는 받지 못하고 맡긴 돈만 받을 수 있습니다.

tip

저축 기간에 따라 이자율이 달라지도록 설정해주세요!

예금 상품을 구성할 때 저축 기간을 획일화하는 것보다는 다양한 저축 기간을 선택할 수 있도록 하고 저축 기간에 따라 이자율이 달라지도록 설정하는 것이 좋습니다. 물론 기간이 길수록 이자율이 높아지도록 설정하는 것도 잊지 마세요.

이자율의 설정

/

학급화폐 활동에서 저축 상품의 이자율은 신용등급과 저축 기간의 영향을 받습니다. 등급이 높을수록 저축 기간이 길수록 더 많은 이자를 받게 되는 것이죠.

학급화폐 활동 속 저축 상품의 이자율을 정할 때 실제 금리를 반영해 학급화폐의 이자율을 설정하면 학생들이 저축에 흥미를 갖지 못할 수도 있습니다. 그래서 활동 초기에는 이자율을 높게 설정하는 것이 좋습니다. 저축의 목적 중 이자(자본소득)를 얻는 경험을 충분히 하게 하는 것이죠. 또 높은 이자율 설정은 아이들의 신용등급을 관리하기 위한 동기부여의 목적도 있습니다.

활명수 은행 예금 상품표(3/24 기준)

※ 신용등급은 신용평가위원에게 개인적으로 물어보기

신용등급 / 기간	3주	6주	10주
1	5%	11%	20%
2	3%	7%	14%
3			
4	2%	5%	10%
5			
6			
7	1%	3%	6%
8			
9			
10	0%	0%	0%

●활명수 은행 예금 상품표 예시

tip

100단위로 저축하게 하세요!

학급화폐 활동에서 계산이 어려워 활동 참여를 망설이게 해서는 안 됩니다. 그리고 5학년까지는 교육과정상 백분율을 학습하지 않았기 때문에 %(퍼센트)로만 이야기하면 이해하기 어려울 수 있습니다. 그래서 저축은 100단위로만 할 수 있도록 설정하고 1%를 100미소당 1미소의 이자를 주는 것과 같이 안내합니다. 이렇게 100단위로 저축하게 하면 복잡한 이자 계산을 할 필요가 없습니다.

이자율은 고정된 게 아니에요!

활동 초반에는 저축의 습관을 형성하기 위해 높은 이자율을 설정해두지만 상황에 따라 이자율을 새로이 공지할 수 있습니다. 투자 활동을 도입하고 투자에 참여도를 높이기 위해 이자율을 낮게 바꿀 수도 있는 것이죠. 이자율이 낮아지면 아이들은 더 많은 수익을 얻기 위해 이전보다 투자 활동에 참여하는 빈도가 높아집니다.

저축 상품을 관리하는 직업, 은행원

/

직업 중 은행원은 학급화폐 활동에서 중요한 역할을 합니다. 그래서 자격기준도 다른 직업에 비해 까다로운 편이죠. 은행원이 하는 일은

● 저축 상품을 판매하고 있는 은행원의 모습

크게 두 가지입니다. 하나는 월급을 통장에 제대로 기록했는지 확인하는 일, 다른 하나는 저축 상품을 관리하는 일입니다. 학생 수가 많은 학급이라면 이 두 가지 일을 나누어 2명의 은행원을 두어도 됩니다.

은행원이 저축 상품을 판매하는 과정은 아래와 같습니다.

신용등급과 예금 기간에 따른 이자율 확인하기

저축을 하려는 아이가 은행원을 찾아오면 원하는 저축 기간과 신용등급에 따라 표에서 해당되는 이자율을 확인합니다. 신용등급이 3등급인 아이가 6주짜리 예금 상품에 가입한다면 7%의 이자율을 적용받게 됩니다.

활명수 은행 예금 상품표(3/24 기준)

※ 신용등급은 신용평가위원에게 개인적으로 물어보기

신용등급 / 기간	3주	6주	10주
1	5%	11%	20%
2	3%	7%	14%
3			

저축 상품 관리장부에 기록하기

이자율을 확인했다면 저축 기간, 신용등급, 이자율, 오늘 날짜, 만기 예정 날짜 등을 장부에 기록합니다. 이때 장부에 기록된 순서에 따라 가입한 예금 상품의 고유번호가 정해지게 됩니다.

예금 번호	이름	저축 기간	신용 등급	이자율	예금 금액	가입 날짜	확인 도장	만기 예정일	처리 결과	찾을 때 금액	확인 도장
13	김00	6주	3	7%	300	5/2	확인	6/13			

● 저축 상품 관리장부 예시

통장기록 내용 확인하기

장부에 기록을 마쳤다면 예금 상품에 가입한 아이의 통장에도 기록이 잘되었는지 확인합니다. 저축 상품 관리장부에 자세한 내용이 적혀있기 때문에 개인 통장에는 '예금 13번 가입'과 같은 식으로 정해진 예금 상품의 고유번호만 기록해두면 됩니다.

날짜	내용	수입	지출	잔액
5/2	예금 13번 가입		300	52

● 예금 가입한 학생의 통장기록 예시

장부와 통장에 도장 찍기

저축 상품 관리장부와 가입자의 통장 내용을 모두 확인하고 이상이 없다면 은행원의 도장을 장부와 통장에 각각 찍습니다.

만기가 되면 원금과 이자 입금하기

만기가 되면 예금 상품을 가지고 있는 아이들에게 알려주고 장부와 통장에 각각 내용을 기록한 뒤 도장을 찍습니다.

예금번호	이름	저축기간	신용등급	이자율	예금금액	가입날짜	확인도장	만기예정일	처리결과	찾을 때 금액	확인도장
13	김OO	6주	3	7%	300	5/2	확인	6/13	만기	321	확인
14	김OO	10주	3	14%	100	5/2	확인	7/11	중도	100	확인

날짜	내용	수입	지출	잔액
6/13	예금 13번 만기	321		400
6/13	예금 14번 중도해지	100		500

● 만기 시 장부와 학생의 통장기록 예시

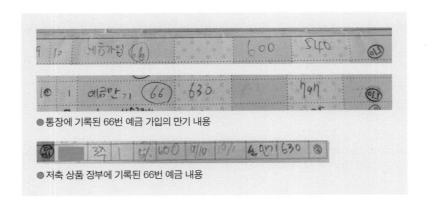

● 통장에 기록된 66번 예금 가입의 만기 내용

● 저축 상품 장부에 기록된 66번 예금 내용

저축 활동 에피소드

/

은행에 긴 줄이 늘어선 이유

2020년 6월 말쯤 있었던 일입니다. 3교시를 마친 쉬는 시간 은행원 아이의 자리에 저축을 하기 위한 아이들이 길게 줄을 서 있는 모습이 보였습니다. 다가가서 오늘따라 왜 이렇게 저축을 많이 하러 왔냐고 물어보았습니다. 그랬더니 아이들이 대답했습니다.

오늘 10주짜리 예금 가입하면 9월 1일에 만기에요.

달력을 살펴보니 그날로부터 딱 10주 뒤가 2학기 개학일인 9월 1일이었습니다. 방학이 6주 정도 되니 그동안 이자를 최대한 받기 위해 미리 저축하려고 은행을 방문한 것이죠. 몇몇 친구가 줄을 서고 이 사실이 다른 친구들에게도 알려지자, 반에서 절반이 넘는 아이들이 10주짜리 정기예금에 가입했습니다.

어제 가입했는데 신용등급이 올랐을 때

한 아이가 6주짜리 정기예금에 가입했습니다. 신용등급이 4등급이었기에 6주 뒤면 5%의 이자를 받을 수 있었죠. 그런데 그다음 주 신용등급이 바뀌어 3등급이 되었습니다. 3등급의 6주 정기예금 이자율은 7%였죠. 이자율은 가입하는 시점의 이자율로 계산하기 때문에 이 아이는 고민에 빠졌습니다. 연필과 종이를 꺼내 이리저리 계산을 하더니 은행원인 아이에게 가서 '중도해지'를 하겠다고 이야기했습니다. 그러고는 중도해지한 돈을 다시 새로운 예금에 가입했습니다. 계산을 해보니 그게 더 많은 이자를 받을 수 있다고 나온 것이죠.

●예금 상품을 중도해지한 기록

사업하는 아이들

사장님이 되어 보자!

/

교실에서 바자회나 알뜰시장을 진행해본 경험이 있을 겁니다. 달란트나 쿠폰을 가지고 원하는 물건을 구매하거나 물물교환을 하는 등 다양한 형태로 진행될 수 있지만 공통점은 아이들이 참 재미있게 참여한다는 것입니다. 아마도 나만의 가게를 열어 내가 준비한 물건을 판매하고 그것을 사주는 사람들이 있다는 것이 즐거운 경험이 아닌가 합니다. 학급화폐 활동에서도 아이들에게 사장님이 되어 나만의 가게를 운영할 수 있는 기회를 주는 건 어떨까요? 학급화폐 활동을 소개하고 난 뒤 아이들이 참 많이 하는 말이 있습니다.

선생님, 언제부터 사업할 수 있어요?

사업소득과 근로소득의 차이

/

아이들은 학급화폐 활동에서 자신의 노동력의 대가로 급여를 받고 있습니다. 급여만 가지고 활동을 구성하더라도 전체적인 활동이 이루어지는 데는 큰 지장이 없습니다. 그리고 사업소득도 결국은 자신의 노동력을 가지고 돈을 버는 것이기에 근로소득과 비슷해 보이기도 합니다. 하지만 학급화폐 활동에서는 근로소득과 사업소득을 구분하여 활동하고 있습니다. 그 이유는 사업소득과 근로소득이 갖는 차이점 때문입니다.

사업소득이 근로소득과 다른 점은 소득의 양이 정해져 있지 않다는 것입니다. 정해진 급여를 받는 근로소득과 달리 사업소득은 사업의 결과에 따라 소득이 달라집니다.

또 사업소득은 내가 받은 돈과 내가 번 돈이 일치하지 않는다는 것이 근로소득과 다릅니다. 사업소득을 통해 1,000만 원의 매출을 올렸더라도 재료비나 인건비 등 지출이 800만 원이라면 사실 사업을 통해 얻은 소득은 200만 원인 셈이죠.

이러한 차이가 있기 때문에 학급화폐 활동에서도 근로소득과 구분되도록 '사업 활동'이라는 이름의 활동을 마련해두는 것입니다.

작은 소비처를 활성화시키는 사업 활동

/

학급화폐 활동에서 사업 활동의 또 다른 역할은 작은 소비처의 종류를 늘리는 것입니다. 작은 소비처를 교사가 마련하는 데는 한계가 있기 때문에 아이들이 마련한 사업 활동이 자연스럽게 다른 아이들의 소비를 유도할 수 있는 소비처로 작용합니다. 액세서리를 만드는 사업, 친구들에게 그림을 그려주는 사업, 친구의 자리를 깨끗하게 해주는 사업, 만화책을 만들어 친구들에게 빌려주는 사업 등 교사가 생각하지 못했던 소비처가 사업 활동으로 인하여 교실 속에서 다양하게 마련될 수 있습니다.

용돈을 많이 받는 사람이 교실에서도 부자?!

/

사업 활동을 진행할 때 정해두어야 할 원칙이 있습니다. 바로 '실제 돈이 개입하지 못하도록 한다'입니다. 이는 학급화폐 운영 시의 원칙을 지키는 일입니다. 보통 교실에서 장사를 한다고 하면 아이들이 준비해 온 과자나 물건들을 판매하는 모습이 떠오릅니다. 학급화폐가 존재하지 않는 교실에서 일회성으로 진행하는 활동이라면 크게 상관이 없겠죠. 하지만 학급화폐 활동을 하고 있는 교실에서 사업에 필요한 물건을 아이들이 직접 준비하도록 하면 실제 돈이 학급화폐 활동에 개입하게 되는 문제점이 생깁니다.

가정에서 용돈을 많이 받는 아이들이 있다면 그 돈으로 슈퍼마켓에 가서 과자를 많이 구매할 수 있을 것입니다. 그리고 그 과자로 교실에서 사업을 한다면 판매할 수 있는 물건이 많으니 장사가 잘되겠죠. 용돈으로 사온 과자를 팔아서 학급화폐도 많이 벌 수 있게 됩니다. 이렇게 되면 실제 돈을 학급화폐로 바꿀 수 있는 길이 열리게 되는 것입니다. 물건을 많이 사올 수 있으니 가격도 다른 가게에 비해 싸게 팔 수 있겠죠. 반면 용돈에 여유가 없는 아이들은 학급화폐 활동 속 사업 활동에 참여할 수 있는 기회조차 얻지 못할 수도 있습니다. 과자를 용돈으로 사와야 하는데 용돈이 없다면 교실에서 판매할 물건을 살 수조차 없기 때문이죠.

용돈으로 물건을 사온다면 사실상 사업 활동의 밑천으로 학급화폐를 전혀 사용하지 않게 됩니다. 원가라고 할 것이 없으니 단돈 1미소로 과자를 팔아도 사장님은 수익을 얻을 수 있겠죠. 학급화폐의 지출이 없으니 매출이 곧 순수익이 됩니다. 이러한 구조에서는 사업 활동의 특징 중 매출과 원가 등의 개념을 배울 수 없습니다.

사업 활동에 필요한 물건은 교사가 준비하기

/

이러한 문제점이 발생하지 않도록 하기 위한 방법이 있습니다. 바로 교실 속 사업 활동에서 판매할 물건은 오로지 학급화폐로만 구매할 수 있도록 하는 것이죠. 학급화폐로 가게에서 팔 물건을 구매하도록 하기 위해서는 사업 활동에 필요한 물건을 교사가 준비해야 합니다. 그리고 사업 활동을 하는 아이들은 교사가 준비한 물건을 학급화폐로 구매해 자신의 가게에서 판매하도록 하면 됩니다. 이와 동시에 바깥에서 개인적으로 구매한 물건은 교실에서 사업 활동을 통해 판매할 수 없다는 것을 확실하게 안내해줍니다. 이렇게 하면 사업 활동을 하는데 실제 돈이 개입할 여지가 없습니다. 학급화폐로만 자신의 가게에서 판매할 물건을 준비할 수 있기 때문이죠.

tip

교사가 준비하기 어려운 물건은 어떻게 할까요?

사업 활동을 위한 과자나 학용품 등은 교사가 마련해주기가 수월합니다. 그리고 가게에서 팔기 위해 교사가 준비한 물건을 구입해갈 때 쓴 돈이 '원가'가 됩니다. 하지만 네일아트 사업에 필요한 매니큐어, 종이접기 사업에 필요한 색종이, 액세서리 사업에 필요한 비즈공예 물품까지 교사가 다 준비하기는 어려울 수 있습니다. 이런 경우 사업에 '원가'의 개념을 적용할 수 있도록 장치를 마련해두어야 합니다. 이때는 교사가 미리 준비물을 준비하기 어려운 사업을 하는 경우 판매금액의 60% 정도를 '원가'라는 이름으로 제외할 것임을 미리 공지하는 것이 좋습니다. 즉 사업으로 1,000미소를 벌었다면 600미소는 원가로 제외하고 400미소를 소득으로 얻도록 하는 것이죠. 또는 교실(나라) 밖에서 들어오는 물건이므로 '관세'라는 이름으로 일정 금액을 받을 수도 있습니다. '관세'라는 이름으로 비용을 받는다면 나라의 세금 수입으로 들어가게 되겠죠. 하지만 이런 방법은 어디까지나 차선책임을 알고 있어야 합니다.

우리 반의 사업 활동을 위한 직업, 도매상인

/

학급화폐 속 사업 활동을 위해 교실 안에 마련해두어야 하는 직업이 하나 있습니다. 바로 도매상인입니다. 도매상인은 사업 활동을 할 때 가게의 사장님들이 학급화폐로 물건을 사가는 도매상점을 관리하는 역할을 합니다.

가게에서 판매할 물건을 도매상점에서 구매하고 도매장점은 판매한 물건의 내용을 도매상점 장부에 기록하게 됩니다.

도매상인은 사업 활동이 시작되기 전에는 학급의 모든 아이들에게 과자를 판매할 수 있습니다. 하지만 사업 활동이 시작된 이후에는 사업자 등록을 한 가게 사장님들만 도매상점에서 물건을 구매할 수 있습니다. 즉 과자를 사 먹는 소비자 입장에서 봤을 때 사업 활동을 시작하기 전에는 도매상점에서 과자를 사 먹고 사업 활동을 시작한 후에는 소매상점인 사업자들의 가게에서 과자를 사 먹게 되는 것입니다. 사업 활동은 아이들이 근로소득을 통해 어느 정도 사업 자본금을 모은 뒤인 4~5월쯤부터 시작하게 됩니다.

●사업 활동 시작 전

●사업 활동 시작 후

사업 활동의 ABC

/

기존의 바자회와 같은 방법으로 운영한다면 단순하게 운영할 수 있는 사업 활동이지만 실제 돈의 개입 방지라는 학급화폐 활동의 원칙으로 인해 조금 복잡한 과정이라고 느껴질 수도 있습니다. 실제로 교실에서 어떤 과정으로 사업 활동이 이루어지고 있는지 차근차근 알아보겠습니다.

사 업 자 등 록 증

(업종: 슈퍼마켓)

등록 번호: 2021 - 52 - 001

대표자(이름) : 김화폐   **생년월일 :** 2010년 00월 00일

삼다수 등록번호(반, 번호) : 5201

개업 연월일 : 2021년 5월 25일

사업장 상호명 : 삼다수 마트

위에 기재된 내용대로 사업자 등록과 상호 등록을 마쳤으며

사업자 등록비와 상호 등록비를 정확히 납부하였으므로

사업체의 영업을 허락합니다.

2021년   5월   25일

삼다수 세무서장

●사업자 등록증 예시

사업 활동의 첫 단계는 사업하기를 희망하는 아이들이 사업자 등록을 하는 것입니다. 사업자 등록 양식을 마련해두고 희망하는 아이가 내용을 직접 작성해 교사에게 확인을 받도록 합니다. 이때 사업자 등록 비용으로 일정 금액(삼다수에서는 50미소)을 받는 것도 좋습니다. 사업자 등록비는 세금 수입으로 삼을 수도 있습니다. 사업을 할 때는 무작정 시작할 수 있는 것이 아니라 필요한 절차와 지출 비용이 있다는 것을 알게 하는 것이죠. 사업자 등록증의 내용에 문제가 없고 사업자 등록비까지 납부 완료했다면 사업자 등록증에 교사의 확인 도장을 찍어줍니다.

가게 만들기

사업을 할 때는 자신의 가게가 필요합니다. 하지만 교실에 가게를 마련하기는 어려우므로 보통 자신이 팔 물건을 담아둔 바구니가 가게의 역할을 하게 됩니다. 바구니는 교사가 같은 크기로 준비해도 좋고 일정 크기 이내의 바구니나 상자를 아이들이 직접 준비하도록 해도 좋습니다.

가게 바구니 대여료를 받을 수도 있어요!

교사가 사업을 하며 판매할 물건을 담아 둘 바구니를 준비한다면 교실에서 자리를 빌려주는 것처럼 대여료를 받을 수 있습니다. 실제 사업체가 지불하는 가게 임대료의 역할을 하게 되겠죠. 아이들은 주기적으로 내야 하는 바구니 대여료까지 생각해서 판매할 가격을 결정하게 됩니다. 물론 너무 복잡하다 생각될 경우 생략해도 큰 문제는 없습니다.

가게 간판 만들기

물건을 담아 판매할 바구니(또는 상자)가 준비되었다면 다음으로 해야 할 것은 우리 가게만의 특색 있는 간판을 만드는 일입니다. 가게의 간판을 만드는 방법은 크게 두 가지가 있습니다. 간판을 직접 만드는 방법과 간판 제작을 의뢰하여 제작하는 방법입니다. 두 가지 방법 중 한 가지 방법을 정해 운영하면 됩니다.

직접 간판을 만드는 방법은 사업자 등록을 마친 아이가 직접 자신의 가게 간판을 만들도록 하는 방법입니다. 직접 자신의 가게 간판을 만들기 때문에 가게의 특성이 잘 드러나는 간판을 만들 수 있습니다.

간판을 의뢰해서 만들도록 하는 방법은 사업자 등록을 한 아이가 간판을 만드는 것이 아니라 간판 제작을 해주는 아이들에게 의뢰하도록 하는 것입니다. 교실에 '간판업체'라는 직업을 만들거나 디자인 자격증을 만들고 이 간판업체(혹은 디자인 자격증 소지자)에 일정 비용을 지불하고

●사업자가 의뢰한 대로 간판을 제작하는 모습

간판 제작을 의뢰하는 방법입니다. 간판 제작을 의뢰할 때는 가게의 이름 등 들어갔으면 하는 내용과 형태, 가격 등을 협의해서 의뢰서를 작성하도록 합니다.

사업자 간판 제작 의뢰서

의뢰하는 사람 :		(사인)
만들어줄 사람 :		(사인)
간판 제작 비용 :		미소
간판 크기(3개 중 선택)	1장 크기 1/2 크기	1/4 크기

간판에 들어갈 내용(그림 또는 글로 설명)

| **간판 완성 확인** | 만든 사람 | (사인) 의뢰하는 사람 | (사인) |

교실에 디자인 자격증을 만들어두세요!

디자인 자격증을 취득하는 방법은 우리 반 아이들의 모습을 모두 그린 그림 한 장을 완성하는 것으로 정해두고 있습니다. 교실에서 그림 그리기를 좋아하는 아이들은 자격증을 취득하고 간판 제작을 해 추가 소득을 얻습니다. 디자인 자격증은 직업 중 '게시판 관리자'의 자격기준이 되기도 합니다.

●디자인 자격증 취득을 위해 제출한 우리 반 그림

교사가 사업 활동에 필요한 물건 준비하기

교사는 사업 활동에서 판매할 물건들을 미리 구해 준비해두어야 합니다. 아이들이 즐겨 먹는 과자, 자주 사용하는 연필, 지우개, 샤프심 등 학용품을 구매해서 교실 한곳에 모아둡니다. 이곳은 사업자들이 물건을 구매하는 일종의 '도매상점'이 되는 것이죠.

도매가격 정하기

도매상점에 여러 물건이 준비되었다면 물건들의 도매가격을 정해야 합니다. 도매가격은 교사가 임의로 정하여 도매상인 직업을 가진 아이에게 알려줍니다. 물가를 정하는 것은 학급화폐 활동에서 가장 어려운 문제 중 하나입니다. 교실마다 화폐 단위의 규모가 달라 정확히 이야기하기는 어렵지만 저축, 투자 등을 한 뒤에도 1~2주일에 과자를 1개 정도는 사 먹을 수 있을 정도의 금액으로 설정하는 것이 좋습니다. 물가를 관리하는 방법은 다음 장에서 자세히 알아보겠습니다.

도매 가격

물건	가격
빈츠/하리보 5개	150미소
츄러스트로우 10개	200미소
컵라면 1개	300미소
햄버거/식혹/오예스 5개	200미소
마이쮸 10개	200미소
쿠폰) 급식 먼저먹기	30미소
쿠폰) 칠판 낙서권 5분	30미소
쿠폰) 일기연체권	50미소
쿠폰) 남은 급식 메뉴 교환권	30미소
지우개 5개	100미소
풀 5개	150미소
연필 1개	30미소
샤프심 1개	30미소

● 도매상점의 도매가격표

사업자들은 도매상인에게 물건 구매하기

도매상점에 물건도 준비되었고 도매가격도 정해졌으니 사업자 등록을 한 아이들은 도매상점에서 자신이 판매할 물건을 구매하게 됩니다. 도매상점에서 물건을 떼오는 셈이죠. 이때 구매한 내용은 도매상점의 관리장부와 사업자 등록을 한 아이의 사업자장부에 모두 기록합니다.

사업자 등록을 한 아이들에게는 사업과 관련한 돈의 수입과 지출 내역을 정리할 수 있는 장부(용돈 기입장 형태)를 만들도록 하면 좋습니다. 개인 통장과 별개로 사업 활동의 수입과 지출을 관리해 사업 활동에서 돈을 얼마나 벌고 얼마나 썼는지 쉽게 계산할 수 있도록 하기 위해서입니다.

사업자들은 판매가격을 정하고 물건 판매하기
물건을 구매해왔다면 아이들은 자신의 가게에서 판매할 가격을 정하게 됩니다. 이때 무작정 싸게 팔다 보면 적자가 날 수도 있으므로 아이들이 이미 지출한 사업자 등록 비용, 간판 제작 비용, 물건의 원가 등을 고려해 가격을 정할 수 있도록 지도합니다. 견출지 등을 나누어주고 가격을 적어 물건에 붙이도록 해도 좋습니다.

● 자신의 가게에 물건을 진열하는 모습

사업 활동 준비를 모두 마쳤으니 아침 활동 시간, 쉬는 시간, 점심 시간 등을 활용해 사업 활동을 자유롭게 하도록 합니다. 자신이 판매해 벌어들인 돈은 사업자 장부에 기록하고 물건을 구매한 아이의 통장에도 기록이 잘되었는지 확인합니다. 만약 이상이 없다면 사업자는 고객의 통장에, 고객은 사업자의 장부에 사인을 합니다.

사업으로 판매한 물건 정산하기

사업으로 번 돈은 모두 사업자장부에 기록합니다. 사업자장부에는 사업과 관련한 내용만 기록할 수 있으므로 사업자장부에 있는 돈을 저축, 투자, 소비하는 데 쓸 수 없습니다. 이에 사업을 통해 번 돈을 저축, 투자, 소비하는 데 쓰려면 자신의 개인 통장으로 옮기는 과정이 필요합니다. 이때 사업자장부에는 '개인통장으로 송금함'이라고 적고, 개인통장에는 '사업자장부에서 송금 받음'과 같이 기록하면 됩니다.

● 마트 사업자의 장부

사업소득에도 부과되는 세금

/

모든 소득에는 세금이 부과됩니다. 학급화폐 활동에서 이루어지는 사업소득도 마찬가지입니다. 사업소득 또한 세금을 부과합니다. 하지만 정해진 월급에서 소득세율만큼 부과하는 근로소득과 달리 사업소득은 얼마를 벌지 모르기 때문에 미리 부과하기가 힘듭니다. 게다가 사업소득은 매출에서 지출 비용을 뺀 순수익에만 부과해야 한다는 것도 계산을 복잡하게 만듭니다. 100미소만큼 물건을 사와서 200미소의 매출을 올렸다면 순수익인 100미소에만 세금을 부과해야 하기 때문입니다. 하지만 아이들이 도매상점에서 판매한 물건이 다 팔리기 전에 도매상점에서 물건을 더 사가는 경우가 많기 때문에 계산이 더 복잡해집니다. 이때도 세금 계산을 수월하게 하는 방법이 있습니다.

만약 사업을 하는 아이가 200미소만큼 물건을 사와서 300미소에 팔았다면 순수익이 100미소가 됩니다. 소득세율이 15%라면 이 아이가 내야 하는 세금은 15미소가 됩니다. 하지만 아이가 사온 물건이 다 팔리지 않은 상태에서 정산을 해야 하는 경우도 생깁니다. 이때는 다음과 같은 방법을 사용할 수 있습니다.

도매상점에서 사업자 등록을 한 아이가 200미소만큼 물건을 사갈 때 200미소의 15%인 30미소를 지급합니다. 그리고 이후에 매출인 300미소의 15%인 45미소를 세금으로 걷으면 문제가 해결됩니다. 30미소를 받고 45미소를 냈으니 15미소를 세금으로 낸 셈이 되기 때문이죠.

만약 이 방법이 복잡하다면 사업을 하는 아이들에게는 불리할 수 있지만 단순하게 매출에 소득세를 계산하는 방법을 사용할 수도 있습니다.

물건의 가격(물가) 정하기
/

학급화폐 활동에서 가장 어려운 것 중 하나가 물가를 정하는 일입니다. 물가가 너무 낮으면 아이들이 돈 관리를 할 필요가 없게 되고 물가가 너무 높으면 소비가 이루어지지 않기 때문에 학급화폐 활동의 활력이 떨어집니다. 그렇다면 학급화폐 활동에서 적정한 물가는 어떻게 설정할 수 있을까요?

인플레이션 고려하기
학급화폐 활동에서 교실의 통화량은 시간이 갈수록 점점 증가하게 됩니다. 그런데 만약 물가는 그대로라면 어떻게 될까요? 같은 금액이라도 돈의 가치가 달라지는 것이죠. 첫 월급을 받을 때 40미소의 가치와 2학기에 느끼는 40미소의 가치는 분명 다릅니다.

물건의 가격은 처음에는 다소 높게 잡아 두는 것이 좋습니다. 물건의 가격이 높아지는 데 대한 아이들의 반응이 생각보다 민감하기 때문입니다. 처음에는 월급으로 1~2주에 과자 1개를 사 먹을 수 있을 정도면 충분합니다. 그리고 시간이 지나며 물가를 조금씩 올리는 것이 좋습니다. 한 번에 가격을 높이는 것보다 조금씩 자주 가격을 높이는 것이 더 좋습니다.

시장에 맡기기(경매로 가격 정하기)

수요와 공급 곡선을 다들 한 번쯤은 들어봤을 것입니다. 수요와 공급이 가격을 결정한다는 것인데 학급화폐 활동에서 교사가 가격을 정하는 것이 어렵다면 이 수요와 공급에 의해 가격 형성이 이루어지도록 하는 방법을 사용해볼 수도 있습니다.

앞에서 설명한 사업 활동을 살펴보면 도매상점에서 사업자들이 구매해갈 수 있는 과자의 개수는 무제한에 가깝습니다. 돈만 있다면 과자를 얼마든 살 수 있고 교사는 과자가 떨어지면 다시 채워 넣을 수 있죠. 하지만 이 상황에서는 수요에 변동이 있을지 몰라도 공급은 늘 무제한이고 시장에서 가격 형성은 수요에 의해서만 결정됩니다. 그렇기 때문에 교사가 임의로 가격을 정해주어야 합니다.

그렇다면 공급의 양을 조절해보면 어떨까요? 바로 도매상점에서 판매하는 물건의 양을 정해두는 것입니다. 2주마다 한 번씩 도매상점에서 경매를 열고 정해진 물건만큼만 판매하는 겁니다. 사업자들이 모두 모인 곳에서 과자 10개, 사탕 10개, 초콜릿 10개를 경매로 판매한다고 생각해봅시다. 사업자들은 2주 동안 판매할 수 있는 물건이 이번 경매에서 낙찰받은 물건뿐이기 때문에 다른 사업자보다 조금 더 비용을 지불하더라도 과자를 낙찰받으려 할 것입니다. 이번 경매에서 아무것도 낙찰받지 못한다면 다음 경매가 열리는 2주 뒤까지는 가게에서 팔 물건이 하나도 없기 때문이죠. 자신이 판매할 금액, 고객들이 적절하다고 생각하는 금액, 남길 수 있는 이윤 등을 고려해 사업자들은 경매에 참여합니다. 이 과정에서는 교사가 가격을 정해주지 않아도 자연스레 교실 속에서 물건의 가격이 정해지게 됩니다.

그리고 다음 번 경매에 과자 5개, 사탕 5개, 초콜릿 5개만 나온다면 어떨까요? 아마 물건의 가격은 이전보다 더 높아질 것입니다. 과자, 사탕, 초콜릿이 각각 15개씩이라면 가격은 조금 낮아지기도 하겠죠. 이전까지는 수요에 의해서만 가격이 변했지만 이제는 공급의 양에 따라 가격이 변동하게 되는 것입니다. 조금 번거로울 수도 있는 과정입니다. 하지만 공급에 따라 가격이 변화하는 것을 보는 것도 학급화폐를 운영하는 교사의 입장에서 참 재미있는 일입니다. 실제로 돈만 있으면 언제든 살 수 있었던 '일기 면제권'의 공급을 2주에 5개로 줄이자 일기 면제권의 가격이 치솟는 현상이 발생하기 시작했습니다.

사업 활동 에피소드

/

지나친 경쟁으로 인한 폐업

사업 활동은 학급화폐 활동의 여러 활동에서 투자와 더불어 인기 있는 활동 중 하나입니다. 그래서 아이들이 시작을 손꼽아 기다리죠. 그렇다 보니 사업 활동이 시작되면 꽤 많은 아이들이 과자를 판매하는 마트 사업자 등록을 하는 모습을 볼 수 있습니다. 그런데 교실에서 과자에 대한 수요는 어느 정도 정해져 있습니다. 그래서 사업 활동 초기에 경쟁이 치열하죠. 마트를 운영하던 한 사업자 친구는 개업 기념으로 과자 1미소 행사를 진행했습니다. 과자의 원가가 30미소였는데 말이죠. 결국 2주도 되지 않아 아이는 이렇게 말했습니다.

선생님, 저 장사 그만할래요.

동업자와의 갈등

사업 활동을 시작하면 아이들이 친한 친구와 함께 장사를 해도 되는지 물어봅니다. 사업자 등록 비용도 반반, 간판 제작 비용도 반반, 수익과 세금도 반반으로 하기로 하고 허락을 해주었습니다. 그런데 두 친구의 장사 스타일이 다른 게 문제가 되었습니다. 한 친구는 물건을 남겨두지 않고 싼 금액에라도 판매하는 스타일이었고, 다른 친구는 하나를 팔더라도 이윤을 제대로 남기는 스타일이었죠. 결국 두 친구는 사업체를 분리하기에 이르렀습니다.

독과점의 발생

학급화폐 활동을 하는 어느 반 교사의 이야기입니다. 이 교실은 직업을 갖고 있지 않은 아이들만 사업 활동을 할 수 있다는 규칙을 만들어 두었습니다. 24명 정도 되는 아이들 중 5명 정도가 직업이 없었고 이 5명의 아이들 중 4명은 월급도 없는 상태에서 사업 실패에 대한 걱정이 많았는지 딱 1명만 사업자 등록을 했습니다. 교실에 1개의 가게만 있는 독점 상황이었던 것이죠. 그러다 보니 자연스레 이 친구는 다른 친구들이 버는 월급의 3배 정도 되는 돈을 벌 수 있었습니다. 과자의 가격도 이 친구가 정하는 대로 결정되었죠.

오히려 이 현상이 기회라고 이야기했습니다. 독과점의 문제에 대해 느꼈으니 기업 간의 경쟁이 어떻게 소비자에게 유리하게 작용하는지 몸소 겪을 수 있을 것이라 생각했기 때문이죠. 규칙을 바꿔 직업을 가진 아이들도 사업자 등록을 할 수 있도록 했고 자연스레 교실 속 가게들도 늘어났습니다. 당연히 물건들의 가격도 안정을 찾아가기 시작했겠죠.

투자하는 아이들

벼락거지가 되었다?!

'가만히 있었는데 벼락거지가 되었다'란 말을 들어보셨나요? 벼락거지란, 자신의 소득에 별다른 변화가 없는데 다른 사람들의 부동산이나 주식 등의 가격이 올라 상대적으로 빈곤해진 사람을 일컫는 신조어입니다. 투자를 하지 않으면 다른 사람들의 부가 증가하는 속도를 따라잡기 어려운 시대가 되었습니다.

어릴 때 투자는 패가망신의 지름길, 투자는 위험한 것이라는 말을 많이 들었습니다. 하지만 이제는 시대가 바뀌었습니다. 저축 이자율이 20~30%가 되었던 시절이라면 투자를 하지 않아도 자산을 늘려갈 수 있었죠. 하지만 1~2%대의 초저금리 시대에는 이전의 방법을 그대로 적용하기 어렵습니다. 저축 활동에서 알아봤듯이 이자소득을 위한 것이 아니더라도 저축은 중요하지만 투자도 함께 가르쳐야 하는 시대가 온 것입니다. 그래서 학급화폐 활동에서는 아이들이 투자도 경험할 수 있도록 했습니다.

교실에서 배우는 주식

/

투자를 할 수 있는 곳은 여러 가지가 있습니다. 그중에서 부동산 투자나 주식 투자가 대표적입니다. 하지만 교실에서 향후 집값이 상승할 지역에 대해 이야기를 나누거나 코스피 지수나 S전자의 그래프를 가져와서 아이들에게 안내하고 투자 활동을 이끌어갈 수 있을까요? 우리는 초등학생들과 함께 이 활동을 한다는 것을 잊어서는 안 됩니다. 실제 주식 차트를 가져와서 초등학생 아이들과 함께한다는 것은 무리가 있습니다. 물론 몇몇 아이들은 이해할 수도 있겠죠. 하지만 학급화폐 활동은 대부분의 아이들이 함께할 수 있는 활동이어야 합니다.

그래서 학급화폐 활동에서 투자 활동의 목적은 부동산의 입지를 분석하고 투자가치를 판단하거나 주식 차트 읽는 방법을 알려주는 것이 주가 되지 않습니다. 학급화폐 활동 속 투자 활동의 목적은 저축과 투자의 차이를 이해하도록 하는 것이 되어야 합니다. 이제 투자에 대해 처음 배우는 아이들에게 투자의 모든 것을 가르쳐주겠다는 욕심을 부려서는 안 됩니다. 투자의 특징을 이해하고 기본적인 투자의 흐름을 경험하도록 하는 것이면 충분합니다.

투자의 특징

/

저축과 투자의 차이점은 크게 세 가지가 있습니다. 하나는 수익률의 차이이고 나머지는 만기의 유무, 손해를 볼 가능성입니다. 투자는 저축과 비교할 수 없을 정도의 수익을 올릴 수도 있습니다. 요즘 투자가 각광받는 이유는 너무나 낮은 금리 때문이기도 합니다. 1~2%의 이자를 얻을 수 있는 저축과 비교해 몇 배, 몇십 배의 수익을 얻을 수 있는 가능성이 투자에는 있죠.

다음으로 만기의 유무에 차이가 있습니다. 최소 1년은 지나야 만기가 되는 저축과 달리 투자는 정해진 만기가 없습니다. 하루 만에 수익을 얻을 수도 있죠. 학급화폐 활동에서도 마찬가지입니다. 저축을 할 경우 최소 4주 정도의 시간이 필요하지만 투자는 하루 이틀 만에 수익을 낼 수도 있습니다.

마지막으로 투자가 저축과 비교해 갖는 특징은 손해를 볼 가능성도 있다는 것입니다. 저축은 원금을 잃을 가능성이 거의 없습니다. 약속한 만기를 지키지 못하더라도 내가 맡긴 돈을 그대로 찾을 수 있습니다.

그리고 만기까지 맡긴 돈을 찾지 않는다면 정해진 이자율만큼의 돈을 반드시 받게 되죠. 은행이 망하더라도 예금자보호법으로 일정 금액까지는 그대로 돌려받을 수 있습니다. 하지만 투자의 경우 내가 투자한 돈보다 적은 돈을 받게 될 수 있습니다. 심할 경우에는 투자한 돈을 모두 잃을 수도 있죠.

투자는 복권과도 차이가 있습니다. 복권은 순전히 운에 맡기는 것인 반면 투자는 정보 분석을 바탕으로 이루어져야 합니다. 교실 속 투자 활동에 활용하는 숫자들도 이러한 특징을 잘 나타내도록 구상해야 합니다.

투자 활동에 활용할 수 있는 숫자들의 조건

/

투자 활동은 특정 수치가 올라가면 수익을 얻고 수치가 내려가면 손해를 보는 구조로 이루어져 있습니다. 이때 학급화폐 활동에서 투자 활동에 사용될 수치들은 다음과 같은 특징을 가지고 있어야 합니다.

첫째, 아이들에게 익숙한 숫자여야 합니다. S전자의 주가, 코스피 지수 등은 아이들에게 너무나 낯선 숫자들입니다. 자연스레 활동에 참여하는 것을 방해합니다. 아이들에게 익숙하고 친근한 수치를 활용합니다.

둘째, 숫자가 오르내림을 반복해야 합니다. 오르기만 하거나 내려가기만 하는 숫자는 투자 활동에 적합하지 않습니다. 예를 들어 아이들의 키를 투자 상품으로 한다면 무조건 상승할 것이기 때문에 투자에서 손해를 볼 가능성에 대해 배울 수 없습니다.

셋째, 정보 제공이 가능해야 합니다. 앞으로의 변동에 대해 예측할 수 있는 관련 정보를 제공할 수 있어야 합니다. 투자는 분석을 바탕으로 이루어져야 하기 때문에 정보 제공은 필수입니다.

넷째, 어느 정도의 불확실성을 가지고 있어야 합니다. 오르내림을 반복하더라도 장기적으로 보았을 때 일정한 규칙성을 가지고 있는 숫자는 활용하기에 적합하지 않습니다. 오늘의 기온을 투자 상품으로 삼는다고 생각하면 일주일 사이의 온도는 들쑥날쑥할 수 있겠지만 1년을 두고 보면 봄부터 여름까지는 기온이 계속 오르고 가을부터 겨울까지는 계속 기온이 낮아질 것입니다.

다섯째, 연속성을 가지고 있는 숫자여야 합니다. 매일매일의 숫자 변화가 연속성을 가지고 있어야 합니다. 오늘 선생님이 줄넘기를 한 횟수를 활용할 경우 오늘은 0개였다가 내일은 100개, 다시 그다음 날은 0개가 될 수 있으므로 투자에 활용하기 적합하지 않습니다. 쉽게 말해 막대 그래프가 아니라 꺾은선 그래프로 그릴 수 있는 수치를 활용해야 한다는 말입니다.

이러한 다섯 가지 조건을 모두 충족하는 수치를 가져와서 투자 활동을
진행해야 투자 활동의 목적인 저축과의 차이점을 경험하게 할 수 있습
니다. 조건을 모두 만족하는 숫자가 많지는 않지만 교실에서 활용할
수 있는 숫자들이 몇 개 있습니다.

tip

투자 활동은 주식 활동이 아니에요!

투자 활동이 오르락내리락하는 수치로 이루어지기 때문에 주식 그래프와 닮아 있어 주식 활
동이라는 용어를 사용하는 경우가 있습니다. 하지만 엄밀히 말하면 학급화폐 활동의 투자
활동은 주식 투자가 아닙니다. 주식은 수요와 공급에 의해 가격이 결정된다는 특징이 있습니
다. 하지만 학급화폐의 투자 활동에 사용되는 숫자는 수요와 공급에 의해 가격이 형성되
지 않습니다. 투자를 원하는 아이들이 있다면 무한정 투자 상품을 구매할 수 있습니다. 공급
이 무한인 것이죠. 이 외에도 주식 활동이 되기 위해서는 주주로서의 권리, 배당금 등의 요소
가 있어야 하지만 학급화폐 활동에서 활용하는 투자 상품에는 그런 요소가 빠져 있습니다.
그러므로 주식 투자 활동이 아니라 '투자 활동'이라고 표현하는 것이 정확합니다.

선생님 몸무게로 투자하기

/

아이들이 가장 쉽게 이해하고 재미있게 참여하는 것은 '선생님 몸무게'
투자 상품입니다. 선생님 몸무게는 앞서 말한 투자에 활용할 수 있는
수치의 조건 다섯 가지를 모두 충족합니다. 몸무게는 아이들에게 익숙
하며 몸무게 변화에 대한 정보를 제공할 수 있습니다. 또 오르내림을
반복하지만 일정한 규칙성을 찾기는 어렵죠. 선생님 몸무게는 꺾은선
그래프로 나타내기도 적합합니다.

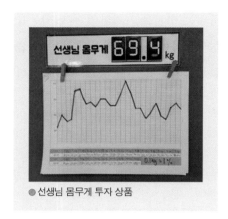

●선생님 몸무게 투자 상품

선생님 몸무게 수치는 소수 첫째 자리까지 나타냅니다. 그리고 몸무게의 변화에 따라 몸무게가 늘면 수익을 얻고 몸무게가 줄어들면 손해를 보게 되는 구조입니다. 이때 선생님 몸무게 0.1kg을 수익률 1%로 계산합니다. 만약 선생님 몸무게가 60.0kg일 때 투자했는데 얼마 뒤 63.0kg이 되었다면 3.0kg이 늘었으므로 30%의 수익을 얻게 되는 것이죠. 60.0kg일 때 투자를 했는데 몸무게가 58.2kg으로 낮아졌다면 1.8kg이 줄었으므로 18%의 손해를 보게 됩니다.

투자 활동의 계산이 어려우면 안 됩니다!

60kg이었던 몸무게가 63kg이 되었다면 정확히는 몸무게의 5%가 늘어난 것입니다. 하지만 이렇게 할 경우 백분율에 대해 배우지 않은 5학년까지는 수익률 계산을 할 수가 없습니다. 몸무게가 63kg에서 63.3kg이 되었다면 계산은 더욱 복잡해지겠죠. 계산이 어려워 활동에 참여하지 않는 아이들이 없도록 수익률 계산 방법을 단순화할 필요가 있습니다. 그래서 실제 백분율이 아닌 교사가 설정해둔 수치에 따라 수익률을 계산하는 것이 좋습니다.

그 외에 활용할 수 있는 수치들

/

투자를 할 수 있는 곳이 한 군데밖에 없다면 그 숫자가 하락하는 시기에는 투자 활동이 전혀 이루어지지 않을 수 있습니다. 그래서 최대한 다양한 투자 상품을 마련해두는 것이 좋습니다. 교실에서 활용할 수 있는 또 다른 투자 상품에는 이런 것들이 있습니다.

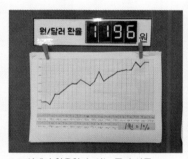

●교실에서 활용할 수 있는 투자 상품

- 원/달러 환율(전날 종가) : 1원 = 1%로 계산
- 선생님 체지방율 또는 근육량 : 0.1% = 1%로 계산
- 코로나19 치료자 수 : 10명 = 1%로 계산(치료자 수가 줄어들어야 수익을 얻는 것으로 설정)
- 음원 차트 순위 : 순위 1계단 = 1%로 설정
- 휘발유 가격 : 1원 = 1%

tip

투자에 참여하는 아이들이 적다면 '이자율 인하'라는 방법을 사용할 수 있습니다. 높은 금리라면 당연히 투자보다는 저축에 아이들이 많이 참여합니다. 하지만 금리가 낮게 설정되어 있다면 아이들은 보다 투자에 적극적으로 참여합니다. 금리에 따른 경제 활동의 변화도 경험할 수 있겠죠.

투자 상품의 변화를 예측할 수 있는 정보 제공하기

/

투자 상품에 대한 소개가 끝났다면 매일 혹은 매주 아이들에게 해당 투자 상품이 앞으로 어떻게 변할지 예측할 수 있는 정보들을 제공하게 됩니다. '선생님이 다이어트에 들어갔다.' '주말에 제주도 여행을 갈 것이다.' '친구들과 저녁 약속이 3일 연속 있다'와 같은 식이죠. 달러나 휘발유 가격을 투자 상품으로 활용한다면 뉴스기사 몇 개를 뽑아 게시해두는 것도 좋습니다.

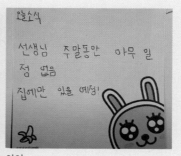

● 오늘의 정보를 확인하고 투자 여부를 고민하는 아이

투자회사 직원이 하는 일

/

투자 상품을 사고파는 일은 기본적으로 저축 상품을 사고파는 구조와
같습니다. 다만 차이가 있다면 저축 상품은 만기가 정해져 있지만 투
자 상품은 만기가 따로 정해져 있지 않다는 것이 다릅니다.

●투자 상품 판매 내역 장부

투자하고자 하는 아이들은 투자회사 직원을 방문합니다. 그리고 투자
하고자 하는 상품, 투자금액 등을 이야기하고 투자회사 직원은 해당 내
용을 장부에 기록합니다.

투자 번호	이름	투자 상품	투자 금액	구매 일시	구매 시 수치(kg)	확인 도장	판매 일시	판매 시 수치(kg)	수익률	지급 금액	확인 도장
7	김OO	선생님 몸무게	200	9/5	65.0	확인					

상품을 구매한 아이의 통장에는 다음과 같이 기록합니다.

날짜	내용	수입	지출	잔액
9/5	투자 7번 구매		200	37

이후 구매한 투자 상품을 팔고 싶다면 다시 투자회사 직원에게 찾아가
서 내가 투자한 상품의 오늘 수치에 따라 수익률을 장부에 적고 계산하
여 통장에 지급 받게 됩니다. 이때 판매하는 시기는 투자를 한 아이의
판단에 따라 결정하면 됩니다.

투자 번호	이름	투자 상품	투자 금액	구매 일시	구매 시 수치(kg)	확인 도장	판매 일시	판매 시 수치(kg)	수익률	지급 금액	확인 도장
7	김OO	선생님 몸무게	200	9/5	65.0	확인	10/4	67.2	22%	366	확인

투자 상품을 판매했을 때는 다음과 같이 통장에 기록합니다.

날짜	내용	수입	지출	잔액
10/4	투자 7번 판매	366		547

투자 활동 에피소드

/

음원 순위로 투자하기

앞에서 설명한 교실에서 투자 활동에 활용할 수 있는 숫자의 특징을 갖고 있는 것이 하나 더 있습니다. 바로 음원 차트입니다. 음원 사이트에 있는 음원 차트에서 노래별 순위를 이용할 수 있는 것이죠. 음원 순위는 보통 200위까지 있는데 순위 한 계단을 1%로 설정하면 순식간에 200개 정도의 투자 상품이 마련됩니다.

● 음원 순위표를 보고 투자할 노래를 고르는 모습

음원 순위로 투자 활동을 하면 다른 투자 상품에 비해 주식과 닮아 있다는 것을 알 수 있습니다. 내가 잘 알고 있는 노래(종목)에 투자해야 한다는 것, 해당 노래에 대한 정보를 스스로 수집할 수 있다는 것, 투자한 노래를 여러 번 들으면서 내가 투자한 회사의 상품을 사용하는 것과 같은 효과를 낼 수 있다는 것 등이죠. 그리고 아이들이 음원 순위를 예측하는 모습을 보고 있으면 실제 투자에 참여하는 모습과도 참 많이 닮아 있다는 것을 알 수 있습니다.

> 가을이라 사람들이 발라드를 많이 들을 테니 폴킴의 노래에 투자해야겠어요.
>
> 미스트롯이 유행이니 트로트에 투자할래요.

선생님, 지금 팔아도 돼요?

음원 순위를 투자 상품으로 마련하면서 투자 활동이 활성화되었습니다. 다른 투자처보다도 음원 순위 투자에 참여하는 아이들이 많았습니다. 그런데 생각지 못한 일이 발생했습니다. 어느 날 저녁 8시 즈음 한 아이에게서 전화가 왔습니다.

> 선생님, 제가 투자한 노래가 지금 순위가 올랐는데 지금 팔 수 없어요?

이상했습니다. 투자 활동은 하루에 한 번씩만 바뀌는 수치들을 사용하기 때문에 학교에서 아침에 한 번 확인한 수치가 바뀔 일이 없기 때문이었죠. 부랴부랴 음원 사이트에 접속을 했습니다. 아뿔싸. 음원 사이트 메인화면에 뜨는 Top 200 순위는 실시간 차트라는 것을 미처 확인하지 못했다는 것을 알게 되었습니다. 하루에 한 번만 순위가 바뀌는 일간 차트와 달리 실시간 차트는 24시간 내내 한 시간마다 한 번씩 순위가 바뀌는 차트였죠. 아마 그 아이는 학교를 마치고 나서도 수시로 사이트를 들락날락하며 자신이 투자한 음원의 순위를 확인했을 겁니다. 실수를 깨닫고 다음날 바로 아이들에게 안내했습니다.

음원 투자는 실시간 차트가 아니라 일간 차트의 순위로 확인해주세요.

상장폐지

음원 차트 순위 투자 활동이 시작되고 며칠 뒤 한 아이가 큰 좌절감에 빠진 채 머리를 감싸고 있었습니다. 다가가서 무슨 일인지 물어보았습니다.

제가 투자한 노래가 순위표에서 사라졌어요.

음원 차트는 200위까지만 순위가 표시되는데 자신이 투자한 노래가 200위 밖으로 순위가 떨어져 차트에 보이지 않았던 것이죠. 이 경우 주식시장에서 '상장폐지'와 같은 상황이라고 이야기를 미리 해둔 상태였습니다. 내가 투자한 노래가 순위표에서 사라지면 투자한 돈을 모두 잃게 되는 거죠. 다시 확인해보니 다행히도 그 아이가 투자한 노래는 순위표 안에 있었습니다. 너무 많은 노래가 있어 찾지 못했던 것이죠.

제주도 여행은 호재일까, 악재일까?

몸무게에 투자하는 활동이 시작된 뒤 아이들에게 '제주도 여행을 갈 것이다'라는 정보를 알려주었습니다. 대부분의 아이들이 여행 가면 맛있는 음식을 먹는다는 생각에 선생님 몸무게가 늘 것이라고 예상했습니다. 그러다 한 아이가 또 다른 분석을 내놓았습니다.

한라산 등반을 하면 살이 빠질 수도 있어!

똑같은 정보에 이렇게 서로 다른 분석을 내놓는 것이 재미있었습니다. 하지만 제주도는 역시 맛집 투어를 빼놓을 수 없기에 선생님 몸무게는 1kg 이상 늘어났죠.

추석이다, 투자하자!

교사가 제공하는 투자 상품 관련 정보들을 분석하며 아이들은 나름의 판단을 합니다. 앞서 제주도 여행이라는 정보를 분석할 때처럼 아이들의 분석이 서로 다른 경우도 있지만 모두가 적극적으로 투자를 하는 시기가 있습니다. 바로 추석 연휴죠. 추석 연휴 때는 활동이 줄고 음식을 많이 먹다 보니 늘 1~2kg 정도 체중이 늘었는데 아이들도 본인들의 경험으로 명절이 지나면 살이 찐다는 사실을 알고 있습니다. 그래서 추석 전에는 이렇게 물어보기도 합니다.

선생님, 이번에 할머니 댁에 가실 거예요?

자선 경매하는 아이들

학급화폐 활동의 마무리

/

학급화폐 활동은 일회성으로 끝나는 활동이 아닙니다. 하지만 그렇다고 몇 년 동안 지속되는 활동도 아닙니다. 학급화폐 활동은 대부분 한 학년, 1년이라는 기간 동안 이루어지는 활동입니다. 우리의 인생은 불확실한 부분이 많습니다. 그래서 어떻게 될지 모르는 미래를 대비해 돈 관리를 해야 합니다. 하지만 학급화폐 활동은 언제 끝이 날지 확실히 알 수 있는 활동입니다. 1년이라는 기간이 정해져 있기에 학급화폐 활동을 준비하는 교사가 갖게 되는 가장 큰 고민은 활동을 어떻게 마무리할 것인가입니다.

돈은 쓰기 위해 존재하는 것입니다. 현재에 쓰느냐 미래에 쓰느냐에 차이가 있을 뿐이죠. 그런데 1년이라는 기간이 지났다고 여태껏 열심히 관리해온 학급화폐를 통장 속의 숫자로만 남겨둔 채 끝내면 그동안 해온 활동이 의미가 없어지는 것 아닌가 하는 생각이 들었습니다. 그렇다고 마지막으로 남은 돈을 다 쓰게 하고 마무리하자니 아이들에게 지나치게 일회성 소비를 조장하는 것 아닌가 하는 생각도 들었습니다. 학급화폐 활동을 어떻게 마무리할 것인가. 활동을 구상하며 제게 남은 마지막 숙제 같은 것이었습니다. 긴 시간 고민한 끝에 내린 결론은 돈을 쓰게 하는 게 더 낫겠다는 것이었습니다. 1년 동안 돈을 열심히 관리해온 보상으로 생각하기로 했습니다. 하지만 그냥 돈을 쓰는 것이 아니라 뭔가 의미 있게 돈을 쓰도록 하고 싶었습니다.

자선 경매 진행하기

/

의미 있는 소비를 할 수 있는 방법이 무엇이 있을까 오랜 시간 고민했습니다. 그러다 한 예능 프로에서 연예인들의 애장품을 경매하고 그 수익금을 기부하는 자선경매를 하고 있는 것을 보았습니다. '바로 이거다!'라는 생각이 들었습니다. 아이들이 열심히 번 돈을 소비할 수 있는 기회이자 학기 말 아이들과 함께 재미있게 참여할 수 있는 활동이었기 때문이죠. 무엇보다 돈을 쓰는 또 다른 방법으로 '기부'에 대해 알려줄 수 있는 의미 있는 활동이 될 것 같았습니다.

그래서 학급화폐 활동에서 경매는 물건의 주인이 돈을 가져가지 않습니다. 경매에서 모은 돈을 우리 반의 이름으로 기부하며 마무리하게 됩니다.

> **tip**
>
> **경매 활동은 활동 초기 미리 공지합니다!**
>
> 경매 활동은 학급화폐의 마무리 활동 역할도 하지만 큰 소비처 역할도 합니다. 가격이 정해져 있지 않기 때문에 보다 더 많은 돈을 모으기 위해 돈 관리를 하도록 유도할 수 있습니다. 자산 관리를 유도하는 큰 소비처로서의 효과를 더 크게 하려면 (교사가 준비한) 경매에 나올 물건을 미리 알려주거나 교실에 전시해두는 것도 좋습니다.

공개입찰, 비공개입찰 그리고 역경매

/

경매에는 크게 세 가지 종류가 있습니다. 공개입찰, 비공개입찰 그리고 역경매(내림경매)입니다. 공개입찰이란 우리가 일반적으로 알고 있는 경매 방식입니다. 시작가격을 정하고 거기서부터 구매 의사를 밝히는 사람이 나올 때마다 물건의 금액이 올라가는 방식이죠. 경매라는 이름답게 서로 물건을 구매하기 위해 경쟁하는 모습이 흥미진진하게 진행됩니다.

비공개입찰은 경매에 나온 물건을 구입하기 희망하는 사람이 종이에 희망가격을 적어 제출하고 그중 가장 높은 가격을 적어 낸 사람이 낙찰을 받는 방식입니다. 공개입찰과는 달리 다른 사람이 적어내는 가격을

●경매 활동 전 아이들에게 경매의 종류에 대해 설명하는 모습

알 수 없기 때문에 고도의 심리전이 펼쳐질 수 있습니다.

내림경매 또는 네덜란드식 경매라고도 불리는 역경매는 시작가격부터 점점 가격이 내려갑니다. 그러다 가장 먼저 손을 든 사람에게 낙찰되는 방식입니다. A라는 물건을 100만 원부터 역경매 방식으로 진행한다면 99만 원, 98만 원, 97만 원 순으로 차례대로 금액이 낮아지다 처음 손을 든 사람이 나온 순간의 가격으로 낙찰가가 정해집니다. 여러 명이 여러 번 손을 드는 공개입찰과는 달리 한 번 손을 드는 사람이 나오면 더 이상 손을 들 수 있는 기회가 없다는 것이 특징이죠. 마치 눈치게임과도 같습니다.

학급화폐 활동에서는 공개입찰과 비공개입찰을 혼합한 방식을 사용합니다. 기본적으로는 손을 드는 사람이 있을 때마다 가격이 올라가는 공개입찰 방식으로 진행되지만, 만약 시작부터 손을 드는 사람이 없다면 역경매 방식으로 전환하게 됩니다. 이 과정을 통해 아이들은 원하는 사람(수요)이 많으면 가격이 올라가고 원하는 사람이 적으면 가격이 낮아진다는 것을 경험할 수 있습니다.

학급화폐의 경매 활동 진행하기

학급화폐 활동에서 경매 활동은 여섯 단계로 진행됩니다. 각 단계별로 이루어지는 활동은 다음과 같습니다.

경매 날짜 공지하기

가장 먼저 경매 날짜를 아이들에게 공지합니다. 학급화폐 활동에서 자선 경매는 학기당 1회 혹은 학년당 1회 실시하는 것이 좋습니다. 주기가 너무 짧을 경우 큰 금액 소비처로서의 역할을 하기 어렵습니다. 적어도 경매 활동을 하기 2주 정도 전에 공지하고 아이들이 경매에 참여하기 위해 자신의 자산을 정리할 시간을 가질 수 있도록 합니다.

> **tip**
> 자선 경매가 끝나면 모든 학급화폐 활동이 마무리되므로 종업식이 있는 주간에 자선 경매를 진행하는 것이 좋습니다.

경매 물품 마련하기

경매 날짜가 공지된 날부터 경매에 내놓을 물품을 제출할 수 있도록 합니다. 이때 경매에 내놓을 물품들은 집에 있는 물건들 중 '나에겐 필요 없어서 잘 쓰지 않지만 다른 친구에게 필요할 것 같은 물건'을 가져오라고 이야기합니다. 너무 고가의 물건이나 고장 난 물건은 가져오지 않도록 하는 것이 좋습니다. 아이들의 물건과 함께 교사가 물건을 준비해도 좋습니다. 그리고 물건을 가져올 때는 자신이 희망하는 시작가격도 함께 생각해오도록 합니다.

경매하기

경매 당일에는 출품한 물건들을 교실 한 켠에 나열해두고 경매를 시작합니다. 경매에서는 경매사의 역할이 중요합니다. 경매사의 역량에 따라 낙찰가격이 달라질 수 있기 때문이죠. 교실에 끼가 넘치는 아이가 있다면 경매사 역할을 주어도 좋고 원활한 진행을 위해 교사가 경매사 역할을 해도 좋습니다.

물건을 출품한 사람이 정한 가격부터 경매가 시작됩니다. 초반에는 많

●경매 활동 모습

은 아이들이 참여할 수 있도록 한 번에 올라가는 금액의 크기를 작게 설정합니다. 그러다 참여하는 사람의 수가 너무 많거나 참여하는 아이들이 포기하려는 기미가 보이지 않을 때는 한 번에 올라가는 금액의 크기를 점점 더 크게 합니다. 더 이상 손을 드는 사람이 없을 때는 5초 정도 카운트다운을 하고 그래도 손을 드는 사람이 없다면 해당 금액으로 낙찰을 선언합니다.

낙찰을 받은 사람은 곧바로 자신의 통장에 물건의 이름과 낙찰 받은 가격을 적습니다. 이때 교사도 물건의 이름, 낙찰 받은 사람, 낙찰가를 기록해둡니다. 낙찰 받은 물건은 그 즉시 받아가도록 해도 좋고 경매가 모두 끝난 뒤에 가져가도록 해도 됩니다.

tip

경매 시작 전 꼭 안내해주세요!

경매 활동은 학급화폐 활동의 마무리 활동입니다. 저축, 투자해둔 돈을 모두 찾아 경매 활동에 참여할 수 있도록 안내해주세요. 경매 시작 전 손을 들면 되돌릴 수 없다는 것을 반드시 안내해야 합니다. 경매가 진행되는 도중에는 질문이 있어서 손을 드는 것도 경매에 참여하는 것으로 간주된다는 것도 안내합니다. 그리고 자신이 가지고 있는 돈 이상으로 손을 들어 경매에 참석한 경우는 이후 경매에 참여할 기회를 잃게 된다는 것 또한 안내합니다.

경매 수익금 계산하기

모든 경매가 끝이 났다면 다 함께 오늘 경매를 통해 거두어들인 수익금을 계산합니다. 경매에 나왔던 물건들을 하나하나 되짚어가며 금액을 확인하고 모두 더해 오늘의 경매 활동으로 모인 금액을 확인합니다.

어떤 물건부터 경매할까요?

경매를 진행할 때 경매하는 물건의 순서는 무작위로 하는 것이 좋습니다. 가장 인기 있는 물건을 뒤에 할 경우에는 그 물건의 경매에 참여하기 위해 앞 순서인 나머지 물건들의 경매 참여가 저조할 수 있습니다. 그러므로 인기 있는 물건들을 중간 순서에 넣어 경매 참여도를 높일 수도 있습니다.

학급화폐의 기부 방법

/

경매 활동이 끝난 뒤에는 자선 경매라는 이름에 맞게 경매 수익금을 기부하는 활동으로 자연스럽게 이어갑니다. 그런데 이때 한 가지 문제가 있습니다. 경매를 통해 모인 수익금이 우리 반에서만 쓸 수 있는 학급화폐 단위로 모여 있다는 것이죠. 학급화폐로 어딘가에 기부를 할 수는 없는 노릇입니다. 그렇다면 어떻게 해야 할까요?

경매 수익금 환전하기

경매가 끝났다면 경매 수익금을 실제 대한민국의 화폐인 원화로 바꿔야 합니다. 그래야 기부할 수 있기 때문이죠. 이 과정을 통해 '환율' 개념에 대한 공부도 할 수 있습니다.

이때는 학급운영비를 사용할 수도 없기 때문에 100% 교사의 사비가 들어가는 때입니다. 우리 반의 이름으로 기부를 한다는 좋은 취지가 있기 때문에 교사가 조금의 지출을 하면 좋지 않을까 생각합니다.

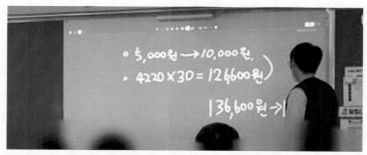

● 경매로 모아진 학급화폐를 환전하는 모습

기부할 곳 정하고 기부하기

경매가 끝나면 경매에서 모인 수익금을 기부할 곳을 정합니다. 기부할 곳은 아이들이 직접 회의를 통해 정하도록 합니다. 한 군데에 기부금을 모두 전달해도 좋고 여러 군데 나누어 전달해도 좋습니다.

● 패들렛을 활용해 기부처 정하기

기부 활동할 때 사용하기 좋은 사이트에요!

기부는 직접 방문해서 하는 기부, 계좌이체를 통한 기부 방법 등이 있습니다. 가장 좋은 것은 직접 방문을 통한 기부겠지만 학교 사정상 어려울 경우 네이버 기부 사이트 '해피빈'을 활용하면 좋습니다.

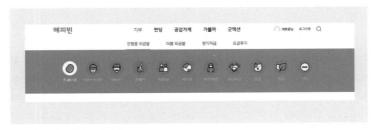
● 네이버 기부 사이트 해피빈

이 사이트에는 다양한 기부처가 주제별로 나뉘어 있고 해당 기부처에 대한 자세한 설명, 그리고 기부된 돈이 어디에 쓰일 예정인지, 목표금액 및 현재까지의 모금액 등이 자세히 나와 있어 아이들이 우리가 기부한 돈이 어디에 어떻게 쓰이는지, 기부가 필요한 곳에는 어떤 곳들이 있는지 직접 확인하기 좋습니다. 그리고 기부 금액도 100원 단위로 조절이 가능해 여러 곳에 기부하기도 좋습니다. 댓글을 달 수 있는 기능도 있어 기부를 마친 뒤 우리 반의 메시지를 남길 수도 있습니다. 미리 교사가 기부 금액을 충전해둔다면 일일이 계좌이체를 하는 번거로움 없이 수업 중 바로 기부할 수 있습니다.

부동산 활동하는 아이들

학급화폐 활동을 하는 교실 속 자리의 역할

교실에서 아이들이 생활하기 위해 꼭 필요한 것 중 하나가 책상과 의자입니다. 아이들이 앉아서 수업을 듣고 자신의 가방과 책을 보관하는 용도죠. 당연히 아이들은 교실에서 1인당 하나씩의 책상과 의자를 갖게 됩니다. 그리고 이 책상과 의자(2개를 묶어서 자리)는 학급화폐 활동에서 큰 역할을 하고 있습니다.

학급화폐 활동이 이루어지는 교실 안에서 자리는 큰 소비처의 역할을 합니다. 큰 소비처는 아이들이 현재의 만족감을 위한 소비를 하지 않고 미래의 소비를 위해 저축과 투자를 하도록 만드는 원동력을 제공합니다.

179

보통 학교에서는 정해진 기간마다 자리를 새로 정합니다. 제비뽑기, 원하는 자리 고르기, 햇님과 달님처럼 서로 짝이 되는 쪽지를 뽑은 사람끼리 짝이 되기 등 다양한 방법을 사용하고 있죠. 학급화폐 활동을 하는 교실도 다르지 않습니다. 교사가 마련한 방법으로 자리배치를 합니다. 하지만 한 가지가 다르죠. 바로 원하는 자리를 학급화폐로 구매해서 앉을 수 있다는 것입니다. 이러한 요소가 추가되며 자리는 아이들에게 돈을 관리할 필요성을 느끼게 하는 큰 소비처로서의 역할을 하게 됩니다.

교실에서 이루어지는 학급화폐 활동은 실제 사회와 참 많은 점이 닮아 있습니다. 그리고 교실에서의 '자리'라는 것도 실제 사회에서의 무언가와 닮아있습니다. 바로 '부동산'이죠. 우리가 휴식을 하고 밥을 먹고 잠을 자는 집, 아이들이 공부를 하고 휴식을 취하고 엎드려 잠을 자기도 하는 자리, 참 많이 닮아있습니다. 그래서 교실에서의 자리는 부동산 활동과 연계하기에 적합합니다.

우리 반 부동산 입지 분석하기

/

아이들과 생활해본 교사들은 잘 알겠지만 대부분의 아이들에게 중요한 것은 몇 분단 몇째 줄인가 하는 것보다 내 근처에 누가 앉았는가 하는 것입니다. 그래서 어디에 앉든 친한 친구와 짝이 되면 그 자리는 아이들에게 좋은 자리가 됩니다. 하지만 짝과 상관없이 교실에 있는 자리들에 대해 분석해보는 시간을 가지면 참 재미있습니다. 교실 속 자리에 대한 이야기인데도 마치 실제 사회에서 부동산 입지를 분석하는 모습과 닮아있기 때문이죠.

역세권, 초품아, 대단지 등 일반적으로 사람들이 선호하는 입지가 있지만 사람들마다 기준에 따라 같은 부동산에 대한 판단이 달라지기도 합니다. 교실에서 자리를 분석할 때도 마찬가지입니다. 같은 자리도 아이들이 판단하는 기준에 따라 선호하는 자리가 제각각입니다.

아이들에게 교실의 자리 중 어느 자리가 마음에 드는지 물어보면 참 다양한 의견이 나옵니다.

1분단 제일 앞자리가 좋아요. 선생님이 컴퓨터 하고 있으면 가려서
선생님이 저를 못 봐요.
맨 앞자리가 좋아요. 칠판이나 TV 화면이 잘 보여요.
창가 자리가 좋아요. 바깥 풍경을 볼 수 있어요.
맨 뒷자리가 좋아요. 사물함이 가까워서 편해요.
맨 뒷자리는 별로에요. 아이들이 지나가면서 제 책상을 건드려요.

원하는 자리 구매하기

/

정해진 금액을 내면 자신이 앉고 싶은 자리를 언제든 구매할 수 있습니다. 이때 자리의 구매 비용은 교사가 임의로 설정해둡니다. 실제로 활동을 하며 600~700미소(실수령액 150미소 기준 4회분 월급 정도)로 자리 가격을 정해두었습니다.

자리 바꾸는 날이 되면 우선 자리를 구매할 의사가 있는 사람이 있는지 물어봅니다. 만약 자리 구매를 희망하는 사람이 있다면 정해진 비용을 지불하고 해당 자리의 소유권을 갖게 됩니다. 구매한 자리에는 해당 학생의 이름을 먼저 넣어두고 남는 자리들을 가지고 교사가 원래 하던 방법대로 자리 정하기를 하면 됩니다.

학급화폐 활동의 초기 설정에서 아이들은 나라에서 자리를 빌려 쓰고 있다고 이야기했습니다. 그런데 자리를 구매하게 되면 더 이상 나라에서 자리를 빌려 쓰는 것이 아니므로 '자리임대료'는 내지 않아도 됩니다. 자리를 큰 소비처로서의 역할로만 활용하려면 이 방법까지만 활용하면 됩니다.

직업	이름	월급	저작권료	세금(15%)	자리임대료	전기요금	건강보험료	급식비	실수령액	확인
공무원	OOO	280	32	46	0	10	10	25	**221**	

● 자리를 구매해 더 이상 자리임대료를 내지 않는 학생의 월급명세서

부동산 구매 계약서

구매자 (　　　)는 (　　　　)로부터 아래와 같이 부동산 구매 계약을 맺는다.

| 계약 내용 |

구매자 정보	초등학교　　학년　　반　　번　이름 :
주소	초등학교 6학년　　반　　교실　　분단　　번째 줄 오른쪽 / 왼쪽 자리
구매내용	책상 1개, 의자 1개
구매금액	미소

구매자는 부동산에 대한 구매 금액을 정확히
납부하였음을 확인하며
위의 부동산 구매 계약서에 근거하여
초 6학년　　반　　분단　　번째 줄 오른쪽/왼쪽 자리는
(　　　　　　)의 소유임을 증명함.

2020. 03. 00.
6학년　반　담임　○○○

● 교실 부동산 계약서의 예시

부동산 임대하기

/

큰 소비처 이외에 부동산 개념을 알려주고 싶다면 추가적인 활동을 구상할 수 있습니다. 자리를 구매하는 경우 대부분의 아이들은 그 자리에 앉기 위해 구매를 합니다. 실거주 목적이라고 볼 수 있죠. 하지만 자리를 구매했다고 해서 꼭 그 자리에 앉아야만 하는 것은 아닙니다. 1분단 맨 앞자리를 구매한 A라는 아이가 그 자리에 앉지 않겠다고 한다면 해당 자리에 이름을 비워둔 채 자리 정하기를 합니다. 그리고 자리 정하기를 마친 뒤 1분단 맨 앞자리에 앉은 B라는 친구가 정해지면 B는 국가에 자리임대료를 내는 것이 아니라 1분단 맨 앞자리 주인인 A에게 자리임대료를 내야 합니다. 물론 A는 자기 자리가 아닌 국가 소유의 자리에 앉게 되기 때문에 국가에 자리임대료를 내야 합니다. 이 경우 자리임대료가 아래와 같이 복잡한 과정을 거쳐야 합니다.

> A : 국가에 자리임대료 40미소를 냄.
> B에게서 1분단 맨 앞자리 자리임대료 40미소를 받음.
> ⇨ 결국 자리임대료는 0미소
> B : A에게 1분단 맨 앞자리에 대한 자리임대료 40미소를 냄.

군이 이 과정에서 실제 화폐를 주고받도록 할 필요는 없습니다. 월급명세서에 A의 자리임대료는 0미소, B의 자리임대료는 40미소로 기록하면 됩니다. 국가가 우선 자리임대료를 다 받고 자리의 주인에게 임대료를 돌려주는 형식이라고 생각하면 됩니다.

사실 A는 자신이 구매한 1분단 맨 앞자리에 앉아 자리임대료를 내지 않는 것이나 1분단 맨 앞자리는 다른 친구에게 빌려주어 40미소를 받고 자신은 국가 소유의 자리에 앉아 40미소를 내는 것이나 결과는 같습니다. 물론 A가 자리를 하나 더 구매한다면 추가적인 임대료 수익이 발생하기 시작하겠죠.

> ### tip
> **임대를 하더라도 임대료는 동일하게**
>
> 임대료는 자리의 주인이 정하는 것이 맞습니다. 하지만 교실에서 자리의 주인이 임대료를 정하도록 하면 울며 겨자 먹기로 비싼 임대료를 내야 하는 아이들이 생길 수 있습니다. 자리의 여분이 없기 때문에 얼마의 임대료를 요구하더라도 낼 수밖에 없는 상황이 되죠. 그래서 개인이 소유한 자리임대료는 국가에서 걷는 자리임대료와 동일하게 설정해두어야 합니다.

부동산 경매하기

/

경매를 통해 자리를 정하는 방법을 활용할 수도 있습니다. 자리 바꾸는 방법을 아예 부동산 활동으로 바꿔버리는 것이죠. 정해진 기간이 되어 자리를 정할 때 모든 자리를 차례대로 경매에 붙여 아이들이 구매하도록 합니다. 모든 아이들이 하나의 자리를 구매하게 되겠죠. 경매로 자리를 정하면 처음 몇 자리 혹은 아이들이 선호하는 자리의 경우 가격이 치솟습니다. 선호도가 높은 자리여서 그럴 수도 있지만 경매의 특성상 아이들의 경쟁이 과열되는 이유도 있죠.

하지만 시간이 지나고 자리의 수가 줄어들수록 경매로 낙찰받는 자리의 가격은 낮아집니다. 그 이유는 교실 자리의 수요와 공급에 있습니다. 경매라는 것은 희소성이 있는 물건(물건의 개수가 적거나 일반적인 가격보다 싸게 살 수 있는 기회)을 구매하기 위한 것인데 교실에서의 자리는 정확하게 수요와 공급이 일치합니다. 자리는 사실상 희소성을 가지지 않게 되는 것이죠. 누구나 하나씩 갖게 되는 것입니다. 그렇다고 희소성을 만들기 위해 몇 명의 아이들을 바닥에서 공부하게 할 수도 없는 노릇입니다. 이 사실을 아이들은 경험으로 바로 이해합니다. 아이들은 경매가 진행될수록 '내가 굳이 비싸게 자리를 사지 않아도 남는 자리에 앉으면 된다'라는 생각을 하게 되겠죠. 이러한 이유로 초기 경매 낙찰가와 마지막 경매 낙찰가는 차이가 굉장히 크게 납니다. 그래서 처음에 비싼 가격을 주고 자리를 구매한 아이가 망연자실하는 상황이 발생할 수 있습니다.

이러한 경매 상황에서의 문제를 해결할 수 있는 방법이 있습니다. 바로 경매를 통해 한 사람이 여러 개의 자리를 구매할 수 있도록 허용하는 것입니다. 이렇게 하면 자리가 20개 남았을 때도 1개 남았을 때도 자리를 살 수 있는 사람은 20명입니다. 공급은 줄어들지만 수요는 그대로이기 때문에 자리의 희소성은 경매가 끝나는 그 순간까지 유지됩니다. 그리고 아이들은 내가 자리를 갖지 못할 수도 있다는 생각이 들기 때문에 경매에 적극적으로 참여하게 됩니다. 또 여러 자리를 살 수 있기 때문에 한 자리가 지나친 과열로 인해 가격이 치솟는 것도 어느 정도 막을 수 있습니다. 물론 몇몇 친구가 자리를 독점하는 상황을 방지하기 위해 1인당 소유할 수 있는 자리의 수를 어느 정도 제한하는 방법도 함께 쓰면 좋습니다.

부동산 청약하기

/

부동산 청약제도를 통해 아이들이 자리를 가질 수 있도록 하는 방법도 있습니다. 교실에서 청약 활동은 다음과 같은 단계로 설정해둘 수 있습니다.

청약통장 만들기

교실에서 만들 수 있는 청약통장을 마련해둡니다. 납입금을 여러 번 내는 형태는 관리가 너무 어렵기 때문에 활용하지 않아도 좋습니다. 가입할 때만 정해진 금액을 넣어 청약통장을 개설하고 청약에 참여할 수 있는 자격이 주어졌다는 것을 알려줍니다. 일종의 청약 참여 티켓 같은 역할이죠. 청약통장은 너무 복잡하지 않게 하나의 쿠폰 형태로 만들어 가입자 이름, 가입한 날짜만 적을 수 있도록 해놓습니다. 통장별 점수 차등을 두기 위해 가입 금액을 여러 종류로 만들어도 좋습니다.

청약 공지하기

자리를 정하는 날이 되기 전 미리 청약하게 될 자리를 공지합니다. 한 번에 모든 자리를 하지 않아도 됩니다. 한두 자리만 해도 좋고 한 모둠

또는 한 분단만 해도 좋습니다. 그리고 청약에 참여할 아이들은 미리 교실에 비치해둔 응모함에 자신의 청약통장을 넣을 수 있도록 합니다.

청약 결과 발표하기

실제 부동산 청약과 마찬가지로 교실에서도 가점제(점수가 높은 사람이 청약 당첨)와 추첨체(무작위 추첨)를 활용할 수 있습니다.

자리를 직접 구매하는 것이나 경매를 통해 자리를 구매하는 것과 달리 청약은 공지된 자리 중 내가 어떤 자리에 당첨될지 알 수 없습니다. 1분단 자리를 청약하는 날 청약 신청을 했다면 맨 앞자리에 뽑힐 수도 맨 마지막 자리에 뽑힐 수도 있는 것이죠. 만약 자리가 마음에 들지 않는다면 당첨을 포기할 수 있지만 청약통장은 자동으로 해지됩니다. 물론 통장에 가입한 돈은 그대로 돌려받습니다.

자리 구매하기

청약 결과가 모두 정해졌다면 앞서 살펴본 부동산 계약서를 작성하고 해당 자리의 주인이 됩니다.

> **tip**
>
> **사물함도 부동산 활동에 포함시켜요!**
>
> 교실에서 자리 외에도 부동산 활동에 활용할 수 있는 것이 있습니다. 바로 사물함이죠. 사물함은 개인별로 하나씩은 무조건 가질 수 있도록 하되 여유 있는 사물함이 있다면 부동산 활동을 위한 용도로 사용할 수 있습니다.

보험 가입하는 아이들

보험의 의미

/

이 책을 읽는 독자들도 다들 보험을 여러 개 가입하고 있을 겁니다. 사람들은 의무적으로 가입하게 되는 4대 보험(국민연금, 건강보험, 고용보험, 산재보험)부터 암보험, 실비보험, 생명보험과 같은 보험까지 다양한 보험에 가입합니다. 그렇다면 지금 가입한 보험에 어떻게 가입했나요? 아마 대부분이 학창 시절 혹은 사회초년생 시절 부모님이 대신 가입한 보험이 있을 겁니다. 혹은 보험설계사의 권유로 가입한 사람도 있겠죠. 사실 우리는 보험에 대해 잘 모릅니다. 그도 그럴 것이 다른 금융지식들처럼 보험에 대해서도 배운 적이 없기 때문입니다.

잘 모르고 가입한 보험이기 때문에 제대로 가입되어 있지 않은 경우도 많습니다. 자신의 소득에 비해 너무 많은 보험료를 내고 있는 사람도 있고 잘못된 보험 구성으로 정작 사고를 당하거나 질병이 발생했을 때 제대로 보장을 받지 못하는 사람들도 있습니다.

우리는 미래의 위험에 대비하기 위해 보험에 가입합니다. 하지만 잘 알지 못해 대비가 제대로 되지 않는 경우도 있습니다. 그래서 아이들에게 보험에 대해서도 알려주고 싶다는 생각이 들었습니다.

보험 활동의 목적
/

초등학생에게 생명보험, 암보험, 실비보험 같은 보험의 종류를 다 알려줄 필요는 없습니다. 보험 활동을 통해 아이들에게 알려주고 싶은 것은 크게 세 가지입니다.

첫 번째는 보험의 필요성에 대한 것입니다. 보험은 우리에게 언제 생길지 모르는 미래의 위험에 대비하는 데 도움이 된다는 것을 알려주어야 합니다. 특히 금전적으로 말이죠.

두 번째, 나에게 맞는 보험을 고를 수 있는 능력입니다. 너무나 다양한 보험이 있지만 그중에는 나에게 필요 없는 보험도 있습니다. 보험이라고 모두 가입하는 것이 아니라 자신에게 필요한 보험을 찾는 능력을 길러줄 필요가 있습니다.

세 번째, 약관을 꼼꼼하게 볼 수 있는 능력입니다. 이것은 보험 이외에 많은 계약서를 작성할 때도 필요한 것이기에 내가 가입하는 보험 내용을 꼼꼼하게 확인할 수 있도록 활동을 구상했습니다.

보험금을 받았을 때 알맞은 반응

/

보험 활동이 보험 활동으로서 의미를 갖게 하기 위해서는 보험이 도박이나 투자화 되지 않도록 해야 합니다. 그리고 보험금을 받을 수 있는 가능성을 스스로 조절할 수 없어야 합니다. 예를 들어 비가 3일 연속 오면 100미소의 보험금을 지급하는 보험이 있다고 생각해봅시다. 해당 보험 상품에 가입한 아이들은 아마도 100미소의 보험금을 받기 위해 비가 오기만을 기다릴 겁니다. 상해보험에 가입하고 내가 다치기만을 기다리는 사람은 없습니다. 보험사기단이 아니라면 말이죠.

보험금을 받는 상황은 아예 발생하지 않으면 가장 좋은 것입니다. 그리고 혹시나 보험금을 받을 수 있는 상황이 발생하더라도 '아싸! 보험금 받았다'가 아니라 다음과 같은 반응이 나와야 합니다.

보험에 가입해 둬서 그나마 다행이다.

'아싸'라는 반응은 투자에 성공했거나 복권에 당첨됐을 때 나오는 반응이지 보험금을 받았을 때의 알맞은 반응은 아닙니다.

> **tip**
> **물건 파손 및 분실 보험은 추천하지 않아요!**
> 교실에서 만들 수 있는 보험 상품 중 학용품 등 학교에서 사용하는 물건이 파손되었거나 분실되었을 때 보험금을 지급하는 보험이 있습니다. 하지만 이러한 보험은 추천하지 않습니다. 그 이유는 아이들을 유혹할 만한 상황을 만들지 않기 위해서입니다. 그리고 다른 친구가 물건을 부수거나 빌려 가서 잃어버렸을 때 덜 미안해하는 상황을 막기 위해서입니다.
> 아이가 실제로 다치거나 질병에 걸렸을 때 보험금을 지급하는 보험 상품도 추천하지 않습니다. 아이가 다치거나 질병에 걸렸을 때 학급화폐로 보험금을 지급해봤자 실질적인 도움이 되지 않기 때문입니다.

보험료와 보험금의 차이

보험료란 내가 가입한 보험 상품의 혜택을 받기 위해서 지불하는 금액이고 보험금이란 가입한 상품에서 보장하는 상황이 발생했을 때 내가 받게 되는 돈입니다. 학급화폐 활동에서 아이들에게 지급하는 보험금은 내가 입은 손해액보다는 적어야 하고 내가 납부한 보험료보다는 커야 합니다. 납부한 보험료가 받는 보험금보다 크면 아이들은 가입 자체를 하지 않습니다. 내가 입은 손해보다 보험금이 더 많이 나오면 아이들은 '아싸!'라는 반응을 보이게 됩니다. 그러므로 보험금은 손해액보다 적게, 납부한 보험료보다는 크게 설정해두어 아이들이 '다행이다' 라는 생각을 할 수 있도록 해야 합니다.

교실에서 활용할 수 있는 보험

/

보험 활동의 올바른 방향성을 위해 이런 조건들을 다 따지다 보면 교실 에서 만들 수 있는 보험 상품이 그렇게 많지 않습니다. 그래도 몇 가지 상품을 생각해볼 수 있는데, 그중 대표적인 것이 고용보험입니다.

교실에서는 간혹 일자리를 잃는 아이들이 생깁니다. 이 경우 소득이 없기 때문에 소득세는 내지 않지만 매 월급날 내야 하는 돈들이 있습니다. 자리임대료, 건강보험료, 전기요금, 급식비 등이죠. 그래서 아이들은 소득이 없음에도 각종 비용들을 내야 하는 위기상황에 처하게 됩니다. 이때 금전적으로 필요한 도움을 받을 수 있는 고용보험을 만들 수 있습니다.

고용보험은 두 가지 방법으로 만들 수 있습니다. 첫 번째는 세금으로 보험금을 지급하는 고용보험을 만드는 것입니다. 이 경우 학급 아이들이 모두 자동으로 고용보험에 가입한 상태가 됩니다. 일종의 사회보장제도로 고용보험을 마련해두고 일자리를 잃은 아이가 나왔을 때 정해진 보험금을 세금에서 지출하여 일자리를 잃은 아이에게 지급하는 것이죠. 이러한 방법은 아이들이 모두 일자리를 가지고 있어서 누가 언제 일자리를 잃을지 모르는 상태에 대비하기 위해 미리 만들어둘 필요가 있습니다. 사회보장제도로서 작용하기 때문에 지급액, 지급 횟수 등을 아이들과 의논하는 것도 좋습니다. 그리고 월급명세서에 고용보험이라는 원천징수 항목을 하나 더 추가합니다. 아이들이 내게 될 총 보험료는 앞에서 말했듯이 받게 될 보험금보다 적어야 합니다.

두 번째는 개인적으로 보험에 가입하도록 하는 것입니다. 모두가 의무적으로 가입하는 것이 아니라 희망자에 한해서 계약서를 작성하고 보험에 가입하도록 합니다. 이 경우는 매달 보험료를 원천징수하는 방식이 아니라 가입할 때 한 번만 보험료를 납부하도록 하는 방법을 사용하는 것이 관리하기 편합니다. 그리고 일종의 계약이기에 약관을 복잡하게 만들어 아이들이 약관의 내용을 꼼꼼하게 읽어보도록 유도합니다. 당연히 가입자에게 불리한 조항도 몇 개 넣어두면 좋겠죠. 개인적으로 가입하는 고용보험의 계약서 예시는 다음과 같습니다.

고용보험

일자리를 잃었을 때 미소를 지원해 드립니다.

| **보험 약관** |

이 보험은 피보험자(가입한 사람)가 일자리를 잃게 되었을 때 피보험자에게 보험금을 지급하는 상품입니다.

일자리를 잃었을 때 지급되는 보험금은 아래와 같습니다.

- 가입금액 10미소당 '일자리를 잃기 전 월급의 10%를 보험금으로 지급합니다(최대 50%).
  - 예 20미소 가입하면 일자리를 잃었을 때 <u>자신이 받던 월급</u>(세금 내기 전)의 20%를 보험금으로 지급
  - 예 50미소 가입하면 일자리를 잃었을 때 <u>자신이 받던 월급</u>(세금 내기 전)의 50%를 보험금으로 지급
- 최소 10미소, 최대 50미소까지 가입할 수 있습니다.
- 계산 결과 소수점은 버림 합니다.
- 보험금을 받으면 이 상품은 자동으로 해지됩니다.
- 가입 후 보험 상품의 변경은 불가능합니다. 상품을 변경하고 싶으면 해지 후 재가입하여야 합니다.
- 해지 시 이미 납입한 보험료는 돌려드리지 않습니다.
- 지급되는 보험금은 300미소를 넘길 수 없습니다.
- 고용보험은 동시에 2개 이상 가입할 수 없습니다.
- 학년이 끝날 때까지 일자리를 잃지 않더라도 보험료는 돌려드리지 않습니다.
- 이 보험을 가입한 날로부터 28일 이후에 일자리를 잃었을 경우 보험금을 지급합니다.
- 만약 피보험자가 일자를 잃고 보험금 수령 이전 다른 일자리를 구하면(아르바이트 포함) 보험금 지급은 이루어지지 않습니다.
- 일자리를 잃은 날로부터 3일 이내에 보험금을 수령하지 않으면 보험금을 지급하지 않습니다.
- 본 계약서를 분실하였을 경우에는 보험혜택을 받을 수 없습니다.
- 보험 계약서의 관리는 모두 계약자 본인에게 있습니다(보험사는 책임지지 않습니다).

● 고용보험 계약서의 예시

3부

학급화폐 활동
확장하기

학급화폐 활동의 세계관

교실 속 작은 사회

/

학급화폐 활동을 하면서 느낀 것 중 하나는 교실이 우리가 살아가는 사회의 모습과 아주 많이 닮아있다는 것입니다. 규모의 차이는 있겠지만 실제 사회에서 일어나는 많은 일들이 교실에서도 일어납니다. 학급화폐 활동의 첫 단계였던 '나라 만들기'는 형식적인 절차가 아니라 실제로 교실이 하나의 국가처럼 움직이도록 하는 효과를 냅니다. 이것은 경제뿐만 아니라 정치영역에도 해당됩니다.

이렇게 교실이 하나의 작은 사회처럼 움직인다면 경제뿐만 아니라 다양한 것들을 학급화폐 활동에 적용해볼 수 있지 않을까 하는 생각이 들었습니다.

학급화폐 활동의 영역 넓히기

/

학급화폐 활동은 기본적으로 경제·금융교육을 하기 위한 활동입니다. 하지만 경제·금융교육 이외의 영역으로 확장할 수 있는 가능성이 큽니다. 교과목으로 진행되는 활동이 아니라 아침 시간, 점심 시간, 저녁 시간 아이들의 학교생활 중 자연스럽게 이루어지는 활동이기 때문이죠. 학급화폐 활동은 아이들의 학교생활 그 자체입니다.

〈아이언맨〉, 〈스파이더맨〉 등으로 유명한 마블 스튜디오의 영화들은 하나의 세계관을 공유하고 있습니다. 그래서 〈스파이더맨〉 영화에 아이언맨이 등장하기도 하고 각각의 영화 주인공들이 모여 한 편의 영화가 제작되기도 하죠. 학급화폐 활동도 하나의 세계관으로 보면 좋을 것 같다는 생각이 들었습니다. 학교생활 전반에 자연스레 녹아들어 있는 활동이자 아이들의 생활인 것이죠. 경제·금융교육을 위해 활동을 시작했지만 진로교육에도 학급화폐가 등장하고 정치교육을 할 때도 학급화폐 활동을 활용할 수 있습니다. 그래서 학급화폐 활동에서 다양한 분야의 교육이 일어납니다. 그리고 이것을 학급화폐 세계관이라고 부를 수 있을 것 같습니다. 지금부터는 이 학급화폐 세계관 속에서 경제·금융교육 이외의 활동들을 하는 방법을 소개하도록 하겠습니다.

우리 반 행정부 구성하기

법에 따라 나라 살림을 하는 행정부

/

삼권분립의 한 축을 차지하는 것은 나라의 살림을 담당하는 곳인 행정부입니다. 행정부는 법에서 정한 대로 나라의 살림을 운영하는 역할을 하죠. 또 입법기관인 국회를 견제하는 역할도 합니다.

학급화폐 활동을 하는 교실에도 우리나라의 운영을 책임지고 입법부를 견제하는 행정부가 존재합니다. 학급화폐 활동에서 행정부는 실제처럼 여러 부·처·청으로 나뉘어 있지는 않습니다. 다만 법에 따라 나라를 운영하고 국민과 나라를 위해 일한다는 것이 닮아있습니다.

반장과 부반장 그 딜레마

/

10년간 교사로 생활하며 고민스러웠던 것들이 한두 가지가 아닙니다. 그리고 그 고민들 중 하나는 학급 임원, 즉 반장과 부반장의 역할이었습니다. 학급 임원 선거는 매년 새학기 3월이 되면 실시하고 있습니다. 요즘은 학급 임원의 역할이 적어 뽑지 않는 학교들도 생겨나고 있긴 합니다. 하지만 여전히 대부분의 학교에서 학급 임원 선거를 하고 있고 각 반마다 1명의 반장과 2명의 부반장이 있습니다.

학급 임원 선거를 하면 많은 아이들이 출마합니다. 저학년일수록 그 수가 많고 고학년일수록 그 수가 적긴 하지만 저마다의 공약과 다짐을 가지고 학급 임원 선거에 후보로 나섭니다. 그리고 학급 임원 선거에 나온 아이들이 공통적으로 하는 말이 있습니다.

　학급을 위해 봉사하는 반장이 되겠습니다!

그리고 즐거운 학급을 만들겠다, 반장으로서 솔선수범하겠다는 이야기도 이어갑니다. 하지만 포부 넘쳤던 선거철이 지나고 남은 학년 동안 학급에서 반장의 역할은 어떨까요? 학급 담임으로서 반장과 부반장에게 어떤 역할을 주었는지 되돌아보았습니다. 그러자 떠오르는 말이 하나 있었습니다. 급한 일로 인해 교실을 잠시 비울 때 반장과 부반장에게 했던 말이지요.

반장 나와서 조용히 시키고 떠드는 사람 이름 적고 있어!

되돌아보니 이 말이 반장과 부반장이 하는 일의 대부분이 아니었나 생각합니다. 전교임원회의가 있을 때 반장과 부반장이 번갈아 가며 참여하는 것도 있지만 교실에서 학급과 관련해 하는 일은 이게 전부였던 거죠.

분명 학급을 위해 '봉사'하겠다고 반장이 되었는데 그 아이들에게 교사는 학급 친구들을 '감시'하는 역할을 주는 실수를 범했습니다. 그렇다고 특별히 어떤 역할을 주어야 학급 임원으로서의 역할을 제대로 하게 할 수 있을까 고민도 하지 않았습니다. 그러다 학급 임원으로서 의미 있게 한 해를 보내도록 해봐야겠다는 생각이 들었습니다. 그리고 이왕 학급화폐 활동을 시작했으니 반장과 부반장의 역할을 의미 있게 만드는 방법으로 학급화폐 활동을 활용해보겠다고 생각했습니다. 그래서 학급화폐 활동에 반장과 부반장을 위한 활동을 만들기 시작했습니다.

우리 반 행정부의 구성

/

우리 반 행정부는 교사, 반장, 부반장으로 구성합니다. 이때 직업으로서 역할을 갖고 활동에 참여하는 것이기 때문에 교사는 대통령, 반장은 국무총리, 부반장은 각각 경제부총리, 사회부총리로 이름 붙여 활동합니다. 반장(국무총리), 부반장(부총리)을 모두 묶어 공무원으로 부르기도 합니다. 공무원은 다른 직업과 달리 직업을 잃을 일이 없습니다(학기별로 반장과 부반장을 뽑는 경우에는 1학기 동안 적용합니다). 그리고 우리 반의 세금으로 월급을 지급 받게 됩니다.

> **tip**
> 실제로는 공무원인데 학급화폐 활동에서는 공무원이 아닌 직업도 있어요!
>
> 학급화폐 활동의 직업 중 국무총리, 부총리, 통계청, 기상청, 국세청 등의 직업은 실제 사회에서는 공무원에 해당합니다. 하지만 학급화폐 활동에서 공무원의 월급을 '세금'으로 지급하는 데 실제 사회에서의 기준대로 공무원을 설정하면 세금의 대부분이 공무원의 월급을 지급하는 데 쓰이게 됩니다. 그래서 부득이하게 학급화폐 활동에서는 국무총리와 부총리, 즉 반장과 부반장만 공무원으로 설정하고 있습니다.
> 교사의 경우 대통령의 직업을 갖고 있습니다. 봉사직으로 일해도 좋고 세금으로 월급을 받도록 설정해도 좋습니다.

나라 살림을 의논하는, 국무회의

/

정부의 권한에 속하는, 주요 정책들을 심의하는 최고 정책심의 기관을 국무회의라고 합니다. 학급화폐 활동의 국무회의도 기본적으로 우리 반 살림을 위한 주요 정책들을 제안하고 의논하고 결정하는 회의기구입니다. 회의는 안건이 있을 때 행정부 구성원 누구나 소집할 수 있습니다. 반장과 부반장이 회의에 익숙해질 때까지 교사가 함께 참여하고 이후에는 대통령 역할인 교사가 없어도 회의가 진행될 수 있도록 합니다.

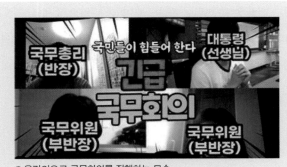

● 온라인으로 국무회의를 진행하는 모습

tip
첫 국무회의 이렇게 해보세요!

교사와 반장, 부반장이 모여 진행하는 국무회의의 첫 시간은 다음의 두 가지를 의논합니다. 첫 번째는 학급 임원 선거에 출마하며 발표했던 공약을 어떻게 지킬 것인가에 대한 것입니다. 저마다 내세운 공약을 말로만 하고 그치는 것이 아니라 어떻게 구체적으로 실천할 것인지를 의논합니다. 실제로 '즐거운 학급을 만들겠다'고 공약을 발표한 반장이 매달 한 번씩 세금으로 과자를 구매해 국민(아이들)에게 나누어주고 생일파티를 진행하는 방법을 이야기했습니다.

두 번째는 세율을 정하는 것입니다. 보통 학급화폐 활동의 첫 월급을 받기 전 첫 국무회의가 진행됩니다. 이때 앞으로의 세금 지출을 예상해 소득세율을 함께 정해볼 수 있습니다.

삼다수 제1회 국무회의

회의 날짜	202 년 월 일 요일
회의 참가자	대통령, 국무총리, 경제부총리, 사회부총리
회의 안건 및 내용	1. 국무총리, 부총리 선거 공약을 지키자. • 즐거운 교실을 만들겠다. → 한 달에 한 번 세금으로 생일파티(과자파티)를 온라인으로 진행한다. 과자는 세금으로 사서 나누어준다.

회의 안건 및 내용	• 점심시간에 영상을 보여주겠다. 　→ 친구들의 투표를 통해 등교수업 점심 시간에 영상을 틀어준다(한 달 영상 사용료 100미소를 세금으로 낸다). • 피땀눈물 모아 열심히 도와주겠다(다음에 의논). • 다양한 생각과 의견을 존중하겠다(다음에 의논). **2. 세금은 얼마나 걷을까?** • 소득세 : 월급의 15%(100미소당 15미소) • 자리임대료 : 40미소

● 실제로 진행했던 국무회의 내용

우리 반 행정부에서 하는 일

/

우리 반 행정부는 국무회의만 진행하는 것이 아니라 회의에서 결정된 내용을 직접 실행하는 것까지를 포함합니다. 행정부에서 하는 일에는 어떤 것들이 있을까요?

법에 따라 정책 활동 진행하기

우리 반 국회 본회의에서 정해진 법 중 행정부가 법에 따라 진행해야 하는 일이 있다면 공무원 역할의 반장과 부반장이 진행합니다. 예를 들어 쓰레기 분리수거함에 구분되도록 이름표를 붙인다는 법이 만들어졌다면 공무원들이 세금으로 그림을 그려줄 아이에게 의뢰해서 제작하는 식입니다.

법안 발의하기

법을 만들기 위해 제안하는 것은 국회뿐만 아니라 정부도 할 수 있습니다. 국무회의에서 이러한 법을 만들어야겠다고 의견이 모아지면 정부의 이름으로 법 제안을 할 수 있습니다.

공무원은 국회의원 역할을 하지 못하나요?

공무원도 행정부의 이름으로 법안 제안을 할 수 있지만 국회의원의 역할을 주지 않으면 우리 반의 중요한 결정사항에 대한 표결에 참여할 수 있는 권한을 갖지 못하게 됩니다. 학급화폐 활동에서는 직접민주주의 방식을 사용하고 있으므로 공무원 직업을 갖는 반장과 부반장도 국회의원의 역할을 할 수 있도록 하는 것이 좋습니다. 만약 분단별 국회의원을 뽑아 진행하는 간접민주주의 방식을 활용한다면 공무원은 국회의원의 역할을 갖지 않아도 좋습니다.

세금 수입, 지출 관리하기

세금을 어디에 어떻게 쓸지 의논하고 실제로 지출합니다. 그리고 세금이 부족하다면 세율 인상에 대해 논의합니다. 만약에 세금에 여유가 있다고 판단한다면 세금 인하를 결정할 수도 있겠죠.

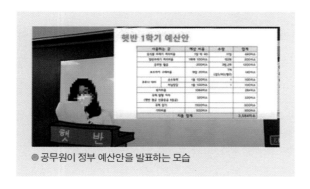

● 공무원이 정부 예산안을 발표하는 모습

공무원을 그만두고 싶을 때

/

학급화폐 활동에서 공무원은 기본적으로 직업을 잃을 위험이 없습니다. 대신 다른 직업에 비해 급여가 적다는 특징도 갖고 있습니다. 그런데 한 가지 일을 계속하다 보면 공무원 직업을 갖고 있는 아이들이 다른 일을 해보고 싶어할 수도 있습니다. 학급화폐 활동을 하며 아이들이 최대한 다양한 직업을 경험해보는 것이 좋기 때문에 공무원 직업의 아이들에게도 다른 직업을 가질 기회를 제공하는 것이 좋습니다. 그래서 학급 임원 선거를 하기 전 다음과 같은 내용을 미리 알려줍니다.

> 공무원은 본인이 그만두지 않으면 직업을 잃지는 않는다.
> 하지만 만약 공무원 직업을 갖고 있는 반장과 부반장이 다른 직업을 갖기 원한다면 공무원이라는 직업을 그만두고 다른 직업을 가질 수 있다.
> 단, 우리 반의 반장, 부반장이기 때문에 기존의 공무원 역할은 계속 이어가야 한다.
> 물론 공무원을 그만두었기 때문에 공무원 월급은 받지 못한다.

다시 말해 공무원을 그만두고 다른 직업을 갖게 된다면 2개의 직업 역할을 수행해야 한다는 것입니다. 하지만 공무원으로서의 업무는 봉사직으로 바뀌어 월급은 받지 못하겠죠.

국회를 견제하는 행정부

/

학급화폐 활동에서 입법부는 법을 만드는 역할을 합니다. 그리고 행정부는 법에 따라 학급 살림을 하게 되죠. 행정부 소속인 교사(대통령)도 마찬가지입니다. 아이들이 정한 법에 따라 학급(나라)을 운영해야 합니다. 하지만 아직 어린 아이들이다 보니 학급에 좋지 않은 영향을 주는 법들이 만들어질 수도 있습니다. 해당 법으로 인해 소외되거나 상처받는 아이들이 생길 수 있죠. 그래서 입법부의 무분별한 법안 제정을 견제하기 위해 대통령은 '거부권'을 활용할 수 있습니다.

대통령의 거부권은 국회에서 통과된 법을 무효화 할 수 있는 권리입니다. 교사의 교육관에 따라 입법부를 견제할 최후의 대응 수단이라고 할 수 있겠죠.

tip
대통령 거부권은 남발하지 마세요!
대통령 거부권은 활용을 최소화하는 것이 좋습니다. 만약 거부권을 자주 사용하게 되면 우리가 회의로 결정해도 어차피 선생님이 모든 것을 결정한다는 생각을 갖게 할 수 있습니다.

실제와는 달라요!
실제 대통령이 거부권을 사용했을 경우 해당 법안은 다시 국회로 되돌려 보내집니다. 그러나 이때 다시 표결을 해서 과반수 출석, 출석의원 3분의 2 이상이 찬성하면 그대로 법률로 확정됩니다. 하지만 교실에서는 대통령이 거부권을 사용하면 해당 법안은 그대로 무효화 되도록 설정해두었습니다.

실제로 교실에서 거부권을 사용한 적은 딱 한 번 있었습니다. 바로 '일기를 쓰지 않아도 된다'라는 법이 통과되었을 때입니다.

우리 반 국회 구성하기

나라에는 법이 필요해!

/

20여 년 전 초등학생일 때 교실 모습을 떠올려보면 교사가 중심이 되어 학급의 규칙을 정하고 학생들은 그 규칙에 따라 생활하는 구조였습니다. 5학년 시절 담임 선생님은 'PC방 가기 금지'라는 규칙을 만들어 PC방에 갈 경우 벌점을 받도록 했습니다. 그 외에도 선생님이 정해둔 규칙들을 어기면 벌점을 부과했죠. 그리고 벌점이 일정 점수를 넘으면 벌칙을 주는 것으로 규칙을 정해두었습니다. 그러한 벌칙 중에는 '좋아하는 아이 이름 말하기'와 같은 것들도 있었습니다.

하지만 지금은 시간이 많이 지나고 시대도 많이 바뀌었습니다. 교육과정의 목표인 '민주시민'을 양성하기 위한 민주시민교육도 강조되고 있죠. 주인의식을 갖고 학생들이 우리 반의 규칙을 스스로 만들어가는 교실을 추구하고 있습니다. 어느 교실을 가더라도 아이들과 함께 정해둔 학급규칙을 쉽게 볼 수 있죠.

학급화폐 활동을 하는 교실은 경제 활동으로 인해 하나의 나라처럼 운영됩니다. 교실이 하나의 나라로 설정되었으니 규칙도 법이라는 이름으로 바꿔 운영하면 어떨까요?

법을 만들고 수정하는 입법부, 국회
/

민주적인 학급을 위한 기본 활동은 우리 반에 대한 결정 사항을 구성원들이 함께 결정한다는 것입니다. 교사가 일방적으로 해결 방법이나 규칙을 제시하는 것이 아니죠. 아이들이 스스로 문제 제기를 하고 그 문제를 해결하기 위해 의견을 나누고 해결 방법을 찾아갑니다.

●삼다수 국회 본회의 모습

이 과정에서 자연스럽게 의사소통 능력과 문제 해결 능력을 기를 수 있습니다. 그리고 이 과정은 '학급회의'라는 이름으로 불리고 있습니다.

이렇게 우리 반의 규칙을 만들어가는 학급회의는 대한민국의 입법부인 '국회'에서 하고 있는 일과 닮아있습니다. 국회에서는 국회의원들이 법을 만들고 수정하고 없애고 있습니다. 그렇다면 학급화폐 활동으로 인해 하나의 나라로 운영되는 교실에서 아이들이 하는 학급회의를 국회의원들이 하는 일로 설정해보면 좋지 않을까요?

우리 반 법 만들기

/

법을 만들고 없애고 수정하는 국회활동을 위해서는 우리 반의 법이 필요합니다. 이때 처음 법을 만드는 방법은 두 가지가 있습니다. 처음부터 아이들과 함께 만들어가는 방법과 교사가 최초의 법을 만들어서 아이들에게 제공하는 방법입니다. 처음부터 아이들과 함께 법을 만들어가는 것은 법의 내용들을 하나하나 만들기 때문에 아이들이 법의 내용을 잘 기억한다는 장점이 있습니다. 하지만 교실에서 필요한 법 조항들을 모두 만드는 데 시간이 너무 많이 소요된다는 단점도 있습니다. 그래서 처음에는 교사가 최초의 법 조항들을 만들어 제공하는 것이 좋습니다. 교사가 생각할 때 필요한 법 조항들을 만들어두는 것이죠. 기본적인 학급운영의 틀과 방향성을 잡아줄 수 있습니다. 물론 교사가 만들어둔 법의 내용들은 아이들의 결정에 의해 언제든 바뀔 수 있습니다. 처음 교사가 최초의 법을 만들어 제공할 때 꼭 법의 내용을 완벽하게 만들 필요는 없습니다. 오히려 허술할수록 보완하기 위해 아이들이 적극적으로 의견을 내도록 유도할 수 있습니다. 그러니 완벽한 법을 만든다는 생각보다는 그동안 교사로서 학급을 운영하며 세워둔 기준을 법으로 문서화한다는 생각으로 최초의 우리 반 법을 만들어보기 바랍니다.

> **tip**
> **불합리한 법 조항도 만들어보세요!**
> 최초의 우리 반 법을 만들 때 의도적으로 불합리한 법 조항을 만들기 바랍니다. 누가 봐도 불합리한 내용의 법을 만들어두고 그 법에 따라 교실을 움직이면 아이들은 불편함을 느끼게 됩니다. 이 불편함으로부터 법을 새로 만들거나 바꾸거나 없애야겠다는 생각을 갖도록 하는 것이죠. 예를 들어 '쉬는 시간 없이 수업한다', '수업 중에는 화장실에 가지 못한다'와 같은 법을 만들 수 있습니다. 누가 봐도 쉽게 찾을 수 있는 불합리한 내용을 만들어두면 아이들도 쉽게 문제점을 찾고 해결 방안도 제시할 수 있습니다. 처음부터 거창한 법을 만드는 것이 아니라 쉬운 단계부터 시작해 아이들이 활동에 참여하도록 유도합니다.

법에 따라 운영되는 교실

/

우리 반 법에 대한 관심도를 높이고 아이들이 적극적으로 참여하게 하기 위해서는 정해둔 법에 따라 교실을 운영해야 합니다. 실컷 회의를 통해 정한 내용이 있음에도 교사가 그 법을 지키지 않는다면 아이들의 참여 의욕은 떨어질 수밖에 없습니다. 회의를 해도 어차피 지켜지지 않는다는 생각을 갖게 되겠죠. 그러므로 교사도 우리 반 법의 내용을 잘 숙지하고 거기에 맞춰 교실 속에서 생활해야 합니다.

활동 초기에는 '우리 반 법에 따라서', '우리 반 법에 없어서 어쩔 수 없어'와 같은 이야기를 달고 살아야 합니다. 아이들에게 법에 따라서 우리 반이 운영된다는 것을 확실하게 인지시킬 수 있도록 말이죠.

tip

우리 반 법으로 어쩔 수 없는 것들도 있어요!

법에는 위계가 있습니다. '헌법-법률-명령-조례-규칙'으로 구분할 수 있는데 하위법들은 상위법의 내용을 어겨서는 안 됩니다. 헌법에서 정한 내용을 어기는 법률을 만들 수 없는 것처럼 말이죠.

우리 반 법은 우리 반을 어떻게 운영할지에 대한 내용을 정해둔 법이지만 상위법에 해당하는 학교규칙, 초중등교육법 등을 위반하는 내용은 우리 반 법으로 만들 수 없습니다. 아이들에게도 이런 내용을 미리 일러줍니다. 이로 인해 '수업시간을 20분으로 줄인다'와 같은 법은 만들어질 수 없겠죠.

교사의 권위 내려놓기

/

국회 활동의 핵심은 우리 반의 법을 아이들이 스스로 정하고 이에 따라 교실이 운영된다는 것입니다.

아이들이 스스로 만들어가는 교실을 위해서는 교사가 가지고 있던 권위를 조금 내려놓는 것이 필요합니다. 바람직한 방향으로 나아갈 수 있도록 도와주는 길잡이 역할을 하되 학생들 스스로 우리 반이자 우리 나라의 법을 정하도록 하는 것이죠. 그리고 함께 정한 법에 따라 교사도 학교생활을 하게 됩니다. 물론 이 과정에서 교사도 나라의 한 구성원으로서 참여할 수 있습니다.

교사가 이끌어가는 교실에 익숙하기 때문에 이렇게 교사의 권위를 내려놓는 것이 걱정스러울 수도 있습니다. 아이들이 유리한 쪽으로만 법을 만들어가지 않을까 염려스러울 수도 있죠. 하지만 우리 아이들은 생각보다 합리적으로 사고할 수 있습니다. 아이들에게 스스로 꾸려갈 수 있는 기회를 주면 교사가 생각했던 것 이상의 능력을 꽃피웁니다. 실제로 피구를 좋아해서 매일 피구를 외치던 아이들이 피구를 매주 해야 한다는 법이 발의되었을 때 해당 법안을 압도적인 표 차이로 부결시키기도 했습니다.

우리 모두 국회의원

/

국회에서 법을 만드는 사람들은 국회의원입니다. 2021년 기준 대한민국의 국회의원은 300명입니다. 5천만 명이 넘는 국민들이 한자리에 모여 의견을 나누고 표결을 할 수 없기 때문에 국민의 대표인 국회의원을 정해두는 것이죠. 하지만 교실에서는 직접민주주의가 가능합니다. 그래서 따로 국회의원을 뽑을 필요가 없습니다. 교실 구성원 모두가 국회의원으로서의 역할을 갖고 법을 제안하고 의견을 나누고 표결에 참여할 수 있습니다. 만약 아이들에게 간접민주주의를 경험하게 하고 싶다면 분단(혹은 모둠)별로 지역구를 정해 분단(모둠)별 투표로 분단별 국회의원을 선출할 수도 있습니다.

tip

국회의원 수당을 지급할 수도 있어요!

실제와는 다르게 학급화폐 활동 속에서 국회의원은 기본적으로 봉사직의 성격을 가집니다. 별도의 월급을 지급하지 않는 것이죠. 하지만 국회의원 수당을 지급하는 방법을 사용할 수도 있습니다. 국회의원으로서 해야 하는 일인 법안 제안을 했을 경우 정해진 수당을 지급하는 것이죠. 모든 아이들이 국회의원으로서의 자격을 갖고 있기 때문에 국회의원 수당이 '기본 소득'의 역할을 할 수도 있습니다. 정해진 기간 동안 한 번이라도 법안을 제안한 아이들에게는 월급명세서에 국회의원 항목을 추가해 수당을 지급할 수 있습니다. 물론 소득세도 내야겠죠.

우리 반 국회 본회의

/

국회에서 발의된 법안을 표결을 통해 최종적으로 결정하는 과정은 본회의에서 이루어집니다. 우리 반에서도 발의된 법안은 본회의를 통해 최종적으로 결정합니다. 우리 반 본회의는 다음과 같이 진행됩니다.

법 제안하기

교실 한 켠에 '우리 반 법 제안서'를 비치합니다. 교실에 필요한 법이 떠오르거나 수정, 보완해야 할 법이 생각나면 언제든 법 제안서를 작성해 교사에게 제출할 수 있도록 말이죠. 물론 온라인을 통해서도 제안이 가능하도록 구글 설문지 등을 이용해도 좋습니다.

법 제안서에는 법 만들기, 수정하기, 없애기 중 무엇인지, 발의자 이름, 문제 상황, 법의 이름, 법의 내용 등이 들어가도록 합니다.

삼다수 법 제안서

발의자 (법을 제안하는 사람)	
문제 상황 (왜 이 법이 필요한가?)	
제안하는 법의 이름	
제안하는 법의 **자세한 내용**	

● 법 제안서 양식

법을 제안합니다!

🚫 000000@gmail.com (공유되지 않음) 계정 전환 ☁

* 필수항목

내 이름은?

내 답변

삼다수 법율 *

선택 ▾

몇 조 몇 항과 관련 있는 내용인가요? *

내 답변

만들었으면 하는 법은?(구체적으로 자세하게 적어주세요) *

내 답변

이 법이 필요한 이유는? *

내 답변

제출   양식 지우기

● 구글 설문지를 활용한 법 제안서

tip

동의 서명을 받아 제안해보세요!

아이들이 제안하는 법이 많을 경우 1차적으로 제안하는 법을 선별할 수 있는 장치로 법 제안
서에 다른 국회의원 3~5명의 동의를 받는 칸을 만들어둘 수도 있습니다. 발의하는 법에 대
해 동의하는 아이들이 발의자 이외에 3~5명 더 있다는 것은 법의 필요성에 대해 1차 검증이
되었다는 것으로 볼 수도 있기 때문이죠. 실제 대한민국 국회에서도 법안 발의를 위해서는
발의자 이외에 국회의원 10명의 동의가 필요합니다.

국회 본회의 개최하기

제안된 법을 결정하는 우리 반 국회 본회의를 열어 회의를 진행합니다. 이때 우리 반 국회 본회의는 정해진 기간마다 정기적으로 개최할 수도 있고 수시로 필요할 때 개최할 수도 있습니다. 꼭 제안한 법을 한 번에 다 처리한다는 생각보다는 시간이 될 때마다 회의를 개최해 제안된 법안에 대해 이야기한다고 생각하면 됩니다. 아침 활동 시간을 이용한다면 하루에 1~2개 정도의 법안에 대해 이야기 나누고 결정할 수 있습니다. 기본적으로 제안된 순서에 따라 회의를 하되 제안된 법 중 중요도가 높은 것이 있다면 우선적으로 회의를 진행할 수도 있습니다.

법안 발표하기

법안 발표하기는 법을 제안한 국회의원이 다른 국회의원 앞에서 자신이 제안한 법에 대해 설명하는 단계입니다. 이때 국어 시간에 배우는 '주장하는 글쓰기'의 형식을 따라 발표하도록 합니다. 수업 시간에 배운 내용을 실제로 활용할 수 있는 기회를 얻게 되는 것이죠. 서론(문제

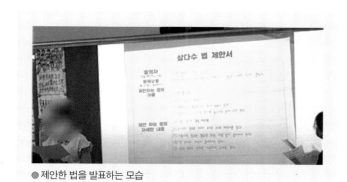

●제안한 법을 발표하는 모습

상황 제시, 주장), 본론(근거, 뒷받침 문장), 결론(요약, 주장 강조)의 구조를
갖는 발표 틀을 제공하는 것도 좋습니다.

의견 나누기

법안 발표가 끝나면 제안한 법에 대해 자유롭게 이야기하는 시간을 갖
습니다. 이때 의견 나누는 시간이 단순히 찬성과 반대로 나뉘어 진행
되지 않도록 유의합니다. 제안된 법을 그대로 통과시키느냐 마느냐의
문제가 아니라 제안된 법에서 문제가 있는 부분은 없는지 살펴보고 더
나은 내용으로 수정할 수는 없을지 의견을 낼 수 있도록 합니다. 의견
나누기 과정을 통해 제안된 법의 내용이 달라질 수도 있습니다.

> **tip**
>
> **국회의장도 선출해요!**
>
> 활동 초기에는 교사가 회의를 진행하는 국회의장 역할을 맡습니다. 이후 활동에 익숙해지면
> 국회의장을 선출하여 아이들이 회의의 전 과정을 도맡아 교사가 개입하지 않더라도 진행할
> 수 있도록 합니다. 국회의장은 꼭 1명으로 정하지 않고 돌아가며 하게 할 수도 있습니다.

표결하기

의견 나누기가 마무리되었다면 최종적으로 표결하는 단계를 진행합니
다. 국회의원 수(학생수)의 과반 이상이 참여하여 그중 과반 이상이 찬
성했다면 가결, 그렇지 못했다면 부결로 처리합니다. 발의, 법안, 가결,
부결 같은 용어는 처음에는 아이들이 어려워하지만 회의가 반복될수
록 점점 익숙하게 사용하게 됩니다.

● 표결에 참여하는 아이들의 모습

법안 수정하기

본회의에서 가결된 법안이 있다면 기존의 우리 반 법의 내용에서 그 즉시 수정합니다. 수정된 법은 그 다음날부터 효력을 발휘하는 것으로 설정합니다. 그리고 법이 통과되었다고 해서 이전에 발생한 일의 판단 기준으로 삼지는 않습니다. 법률 불소급의 법칙을 적용하는 것이죠.

삼다수 제1회 국회 본회의

회의 날짜	2021년 3월 19일 금요일
회의 출석 인원	삼다수 국회의원 23명 중 23명 출석
회의 불참자	없음
회의 안건 및 결과	■ **18조 1항 수정_발의자 ○○○** 8시 → 8시 40분으로 수정 결과) 23명 중 23명 찬성 (가결) ■ **21조 1항 수정_발의자 ○○○** 쉬는 시간 없이 → 쉬는 시간을 5분 보장한다. 결과) 23명 중 22명 찬성 1명 기권 (가결) ■ **21조 8항 수정_발의자 ○○○** 샤프 사용 불가 → 샤프를 사용해도 된다. 결과) 23명 중 20명 찬성 3명 반대 (가결)

● 본회의에서 통과된 법

온라인에 우리 반 법을 게시할 수도 있어요!

1년 동안 활동을 지속하며 우리 반의 법은 계속해서 추가, 삭제, 수정이 이루어집니다. 이때 매번 새로 인쇄해서 교실에 게시하기는 번거로울 수 있습니다. 그래서 우리 반 법의 경우 언제든 아이들이 확인할 수 있도록 인터넷에 게시하는 것이 좋습니다. 새로 수정된 파일을 학급 홈페이지나 패들렛 등에 업로드하는 것도 좋지만 파일을 내려 받거나 열람하는 것이 어려운 아이들도 있을 수 있기 때문에 인터넷 연결만 되면 언제든 확인할 수 있는 노션(www.notion.so) 같은 사이트를 활용하면 좋습니다. 노션의 경우 한 화면에 내용을 모두 입력 가능하며 수정이 편리합니다.

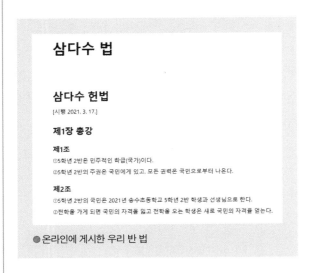

● 온라인에 게시한 우리 반 법

법에 발의자 이름을 붙여주세요!

법이 통과됐다면 법을 제안한 아이의 이름을 법 뒤에 기록해줍니다. 아이들에게 본인이 제안한 법이 만들어졌다는 성취감을 줄 수 있습니다.

예 수업 중에 화장실을 갈 수 있다.(2021.04.09. 발의자 : 유○○)

국회 활동으로 만들어진 법들

/

실제로 아이들이 교실에서 국회 활동을 통해 만들어낸 법들을 소개하고자 합니다. 이 중에는 교사가 의도를 갖고 만든 법을 아이들이 찾아내 수정한 것도 있고 교사가 생각하지 못한 부분에 아이들이 직접 제안해 통과된 법들도 있습니다.

- 8시까지 등교를 완료한다.
  - → (수정) 8시 40분까지 등교를 완료한다.
  - → (추가) 비가 오는 날에는 8시 45분까지로 등교 시간을 늦춘다.

- 화장실은 쉬는 시간에만 갈 수 있다.
  - → (수정) 수업 중에 화장실을 갈 수 있다.

- 아침 자습 시간에는 독서 활동만 할 수 있다.
  - → (수정) 자습 시간에는 자유 활동을 할 수 있다(단, 혼자서 할 수 있는 활동을 한다).

- (추가) 삼다수 월급법
  1조 삼다수 월급날
    1항 월급을 주는 날에 월급을 정확히 준다.
    2항 월급날이 학교에 오지 않는 날이면 등교하는 날 미리 준다.
  2조 삼다수 직업 계약서
    1항 직업을 얻게 되면 계약서를 2장 쓴다.

재난지원금을 지급하라

경제교육을 위해 고안한 학급화폐 활동이지만 앞서 이야기한 것처럼 정치교육의 내용도 얼마든지 녹여낼 수 있습니다. 그리고 경제와 정치 활동이 이루어지다 보니 단순히 경제 활동만 했을 때나 정치 활동만 했을 때보다 다양한 일들이 일어납니다. 지금부터는 학급화폐 활동에서 일어났던 실제 교실의 에피소드들을 정리해보고자 합니다. 참 재미있게도 20명 남짓의 구성원으로 이루어진 교실 안에서 실제 사회에서 일어나는 일들이 그대로 일어납니다.

예상치 못한 변수 발생

/

학급화폐 활동은 기본적으로 대면수업 상황에서 아이들이 직접 자신의 직업 역할을 수행하며 돈을 벌고 이를 바탕으로 돈 관리를 해나가는 방식입니다. 그리고 직업 활동과 돈 관리는 필연적으로 다른 친구들과의 상호작용을 필요로 하죠. 그런데 2020년 코로나19 팬데믹 상황으로 인해 비대면수업으로 학년이 시작되었습니다. 학급화폐 활동을 시작할 수 있는 상황이 아니었죠. 그러다 6월에서야 아이들이 학교에 오기 시작했습니다. 하지만 그마저도 매일 등교가 아니라 온라인과 등교가 병행된 형태였습니다. 아이들에게 이미 '학급화폐 활동'을 할 것이라 이야기를 해둔 상태였고 아이들은 언제부터 활동을 시작하냐고 채근하기도 했죠. 그래서 고민 끝에 등교하는 날만이라도 학급화폐 활동을 시작하기로 했습니다.

등교하는 날이 생기긴 했지만 학교생활 모습은 이전과 많이 달랐습니다. 코로나19 예방을 위한 방역수칙이 마련되었고 학교에서도 이를 지켜야 했습니다. 밥 먹는 시간을 빼고는 마스크를 착용해야 하고 쉬는 시간은 5분으로 줄었습니다. 급식실에는 칸막이가 설치되었고 발열체크와 손 소독은 일상이 되었습니다. 아이들의 책상 간 거리도 멀어졌죠. 이런 상황에서 아이들이 자유롭게 돌아다니며 친구들과의 거리 두기 유지에 방해가 되는 직업 활동을 이어가기 힘들었습니다. 그래서 거리 두기를 지키며 할 수 있는 직업 활동만 하도록 할 수밖에 없었습니다. 그 와중에 코로나19 팬데믹이라는 상황에서 필요한 교실 곳곳의 소독을 책임지는 '방역업체'라는 직업을 아이들 스스로 만들어내기도 했지만 한계가 있었습니다.

시작부터 실업률이 50%?!

/

학급화폐 활동에서는 교사가 의도적으로 직업의 수를 줄이기도 합니다. 항상 아이들의 수와 직업의 수가 일치하도록 해둔다면 모두가 늘 직업을 갖고 있으니 월급이 주기적으로 들어올 것이고 돈 관리를 해야 할 필요성을 느끼지 못할 수도 있습니다. 그래서 활동이 어느 정도 진행된 시기에 필요성이 덜한 직업들을 없애버립니다. 개인의 경제적 위기 상황이 발생할 수 있도록 설정해 일정한 소득이 있을 때 돈 관리를 해둘 필요성을 알려주기 위해서죠. 교사가 개입하지 않아도 직업이 사라지는 경우도 있습니다. 원래 교실 급식을 실시했지만 코로나19로 인해 등교 학년 수가 줄자 급식실에서 점심을 먹게 되며 사라진 '급식도우미'라는 직업이 그 예죠.

하지만 처음부터 직업을 갖지 못한 채 활동이 시작되는 것은 다른 이야기입니다. 중간에 직업이 사라지는 경우는 활동이 어느 정도 진행

● 코로나19 팬데믹 상황으로 인해 높아진 실업률

되었기에 당장 월급을 받지 못하더라도 자리임대료나 건강보험료 등을 낼 수 있는 어느 정도의 개인 자산이 마련된 상황입니다. 하지만 처음부터 직업을 갖지 못한다면 소비, 저축, 투자, 납세 등 학급화폐 활동에 참여할 수 있는 기회를 갖지 못하게 됩니다. 그리고 당장 다음 월급날이 문제입니다. 소득이 없기에 소득세는 내지 않겠지만 자리임대료, 전기요금, 건강보험료, 급식비 등의 원천징수 항목이 설정되어 있다면 이 돈을 낼 수 없는 상황이 발생하기 때문이죠. 그런데 2020년도의 학급화폐 활동은 미리 대처방안을 생각하지 못한 채 아이들의 절반만 직업을 가진 상태에서 시작하게 되었습니다.

> **tip**
> **기본금을 지급하고 시작하세요!**
> 활동을 시작할 때 어느 정도의 기본 자산을 지급하는 것도 방법이 될 수 있습니다. '통장개설 축하금' 등의 명목으로 일정 금액을 지급하는 것이죠. 우리가 잘 알고 있는 보드게임 부루마블도 시작할 때 정해진 금액을 갖고 시작하는 것처럼요.

재난지원금의 등장

/

2주 뒤가 월급날이고 직업이 없더라도 내야 하는 돈들이 있다고 이야기하자 아이들의 아우성이 커졌습니다. 직업을 갖고 있지 못한 아이들이었죠. '돈이 없는데 어떻게 내느냐', '처음부터 마이너스로 시작한다' 등의 이야기들이었죠. 그러다 한 아이가 이런 말을 했습니다.

재난지원금 주시면 안 돼요?

이 시기 한창 코로나19로 인한 1차 재난지원금에 대한 이야기가 나오던 시기였습니다. 뉴스에서도 재난지원금에 대한 이야기를 많이 다루었고 부모님들의 대화에서도 이 단어를 들어본 친구들이 많았습니다. 그래서인지 대한민국 정부가 재난지원금을 지급하는 것처럼 코로나19로 어려운 햇반(햇살처럼 따사로운 반) 국민들에게도 재난지원금을 지급하자는 생각을 한 것이죠.

세금이 없는데 어떻게 하지?

/

재난지원금은 나라의 세금으로 지급하는 것입니다. 아이들도 이 사실을 알고 있었는지 재난지원금을 줄 것이라고 이야기하자 한 아이가 이렇게 이야기했습니다.

세금이 없잖아요.

학급화폐 활동에서 국가의 세금은 국민으로부터 거둬들이게 됩니다. 그런데 아직 한 번도 국민들이 월급을 받은 적이 없으니 세금이 한 푼도 없는 상황이었죠. 아이들도 이 사실을 잘 알고 있었습니다. 게다가 코로나19 방역으로 인해 손 소독제, 책상용 칸막이, 여분용 마스크 등을 구매하느라 이미 세금이 적자인 것도 알고 있었죠. 그래서 한 가지 방법을 제안했습니다.

국채를 발행하자!

국채는 중앙정부가 자금조달을 위해 발행하는 만기가 정해진 채무증서입니다. 하지만 초등학생 아이들에게 이렇게까지 자세히 이야기하진 않아도 됩니다. 단순하게 나라에서 돈이 필요해 빚을 내는 것이라고 알려주면 됩니다. '재난지원금을 국민에게 지급하려고 하는데 세금이 부족해 국채를 발행해 돈을 마련한다. 그리고 이 돈은 한 학년이 마무리되기 전에 모두 갚아야 한다'고 아이들에게 이야기했습니다.

> **tip**
> **국채에도 이자가 붙어요!**
>
> 학급화폐 활동에는 대출 활동을 적용하고 있지 않습니다. 대출도 우리가 살아가며 필요한 부분이지만 처음 '돈 공부'를 하는 아이들이 우선적으로 배울 내용은 아니라고 판단했기 때문입니다. 그래서 국채를 발행함으로써 빚을 내는 것과 빚에 이자가 붙는다는 것을 알려줄 수 있습니다. 국채란 나라에서 진 빚이기 때문이죠. 따라서 빌린 국채에 한 달에 한 번씩 이자가 붙도록 설정해둡니다.
> 이때 국채의 이자율은 우리 반 국민 전체 신용등급의 평균으로 활용할 수 있습니다. 국채를 1,000미소 발행했고 우리 반 아이들의 신용등급 평균이 5등급이라면 5%의 이자인 50미소를 이자로 내게 되는 것입니다. 신용등급의 평균은 시간이 갈수록 1등급에 가까워지므로 내야 하는 이자는 줄어들게 됩니다. 이를 통해 빚에는 이자가 붙는다는 것뿐만 아니라 신용등급이 빚을 냈을 때 금리에 영향을 줄 수 있다는 것도 배울 수 있습니다.

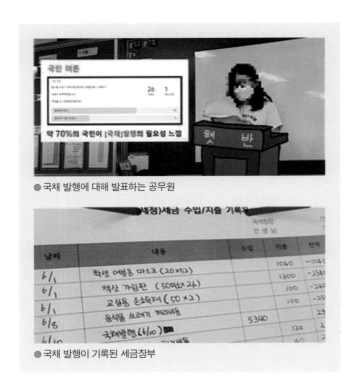

●국채 발행에 대해 발표하는 공무원

●국채 발행이 기록된 세금장부

재난지원금 지급 대상 및 금액 정하기

/

국채를 발행해 재난지원금을 지급하기 위한 재원을 마련하는 것으로
결정한 뒤 정해야 할 것이 있었습니다.

재난지원금을 1인당 얼마나 줄 것인가?

학급화폐 활동이 이루어지는 교실은 민주적인 절차를 추구합니다. 재난지원금의 지급 범위와 금액도 구성원들의 합의로 정하기로 했습니다. 모두 국회의원으로서의 역할을 갖고 있으니 본회의를 통해 재난지원금과 관련된 법을 만드는 것이죠. 우선 1인당 얼마의 재난지원금을 지급할지 의논했습니다. 100미소, 1,000미소, 10,000미소 등 다양한 의견이 나옵니다. 당장 다가오는 월급날 내야 하는 자리임대료, 건강보험료 등을 계산해 85미소라는 금액을 이야기하는 아이도 있습니다. 논의결과 1인당 100미소라는 금액을 지급하기로 정해졌습니다. 마냥 많은 돈을 받길 원할 것 같지만 나라에서 국채를 발행해 마련한 돈이기에, 그리고 우리가 세금을 내서 갚아야 하는 돈이기에 아이들은 나름 합리적인 금액을 정하는 모습을 보였습니다. 그런데 또 한 가지 결정해야 할 것이 있었습니다.

재난지원금을 누구한테 줄 것인가?

이 질문은 실제 코로나19로 인한 재난지원금을 지급할 때마다 논쟁이 벌어지는 부분이었습니다. 신기하게도 교실 안에서도 이 질문에 다양한 의견들이 나왔습니다.

- 의견 1. 국민 모두에게 지급하자.
- 의견 2. 공무원은 제외하고 지급하자.
- 의견 3. 직업이 없는 사람에게만 지급하자.

각각의 주장에 근거를 반드시 제시하도록 했습니다. 국민 모두에게 지급하자는 주장을 하는 아이들은 세금으로 돌아가는 혜택은 모두가 공평하게 받아야 한다는 근거를 들었습니다. 공무원은 제외하고 지급하자고 주장하는 아이는 안정적으로 월급을 받기 때문에 어려움이 없는 공무원은 받을 필요가 없다고 이야기합니다. 직업이 없는 사람에게만 지급하자는 의견 측은 재난지원금이라는 것이 월급을 받지 못해 어려운 사람들을 위한 것이니 직업이 없는 사람들에게만 지급하자고 이야기했습니다. 생각보다 회의 시간이 길어졌습니다. 그리고 표결 결과 국민 모두에게 지급하자는 의견으로 결정이 났고 1인당 100미소에 우리 반의 국민 26명을 곱한 2,600미소, 마스크, 소독제, 책상용 칸막이 등을 구매하느라 마이너스 상태인 세금 잔액을 고려해 총 5,340미소의 국채를 발행하는 것으로 정해졌습니다.

A	B	C	D	E	F
스탬프	내용	수입	지출	합계	
20. 6. 10 오후 1:34:31	국가 재난 지원금	100		100	확인
20. 6. 12 오후 3:46:18	예금[1](28일/7등급/3%)		100	0	확인
20. 6. 25 오후 8:11:13	월급	48	0	48	

● 온라인 통장으로 재난지원금을 지급 받은 모습

선생님이 세금을 횡령한다

세금을 내는 이유는 잘 알겠어요!

/

교실에서 아이들이 세금을 내고 거둬들인 세금은 나라의 살림을 위해 사용됩니다. 교실에 필요한 물건들을 구입할 때 세금을 사용하고 생일파티, 영화 상영 등 국민의 복지를 위한 곳에 쓰이기도 하죠. 그렇기 때문에 세금이란 무엇인지, 그리고 세금이 왜 필요한지에 대해 아이들은 쉽게 이해합니다. 하지만 여기서 아쉬운 부분이 있습니다. 바로 세금을 내고 쓰는 것은 이해하지만 내가 낸 세금이 제대로 잘 쓰이고 있는지에 대해서는 별 관심을 두지 않는다는 거죠. 세금장부를 작성하는 국세청 직업을 가진 아이를 제외하면 자신이 내고 있는 세금이 어디에 쓰이고 있는지 알고 있는 아이가 없었습니다. 그래서 한 가지 활동을 구상했습니다.

아이들의 교육을 위한 먹방

/

아이들이 하교한 뒤 국세청 직업을 가진 친구의 자리에서 세금 사용 내역 장부를 꺼내왔습니다. 남아있는 세금은 1,536미소였습니다. 그리고 도매상인이 물품을 보관해두는 곳에서 과자를 가져와 하나둘 뜯어 먹기 시작했습니다. 순식간에 80미소치 과자를 먹어버렸습니다. 그리고 집에 가져가서 먹기 위해 120미소치 과자를 챙겼습니다. 그리고 세금 장부에 '선생님 간식'이라고 적고 200미소의 세금을 지출했습니다. 200미소면 아이들의 한 달 치 월급과 맞먹는 금액이었죠.

● 세금교육을 위해 간식을 먹는 모습

tip
횡령을 위한 팁(?!)

교사가 간식을 사먹었다고 장부에 그대로 적을 수도 있지만 내용을 거짓으로 적어 아이들이 세금 사용처에 관심을 두고 있는지 확인할 수도 있습니다. 교실에 이미 마련되어 있던 지구본을 새로 구매한 것처럼 적어둔다든지 시계가 바뀌지 않았는데 시계를 새로 구입한 것처럼 적어둘 수도 있죠.

세금이 이상하다?!

/

다음 날이 되었습니다. 아이들이 등교하기 시작했고 긴장되는 마음으로 아이들이 어떤 반응을 보일까 지켜봤습니다. 국세청장 직업을 갖고 있던 아이는 참 부지런한 아이였습니다. 등교를 하자마자 국세청장의 업무인 오늘의 세금을 게시판에 게시하기 위해 세금 사용 내역 장부를 꺼내 보았습니다. 그리고 '선생님 간식'이라는 내용을 보고는 심각해집니다. 옆에 친구에게 장부를 보여주기도 했습니다. 그리고 우리 반 세금 게시판의 세금 숫자를 바꾸자 몇몇 아이가 국세청장 직업을 가진 아이에게 물어봅니다.

세금이 많이 줄었네?

선생님이 간식 사 먹었대.

곧 이 소식은 교실 전체로 일파만파 퍼지기 시작합니다.

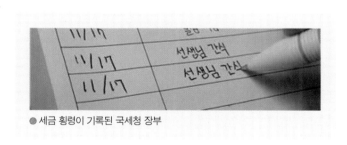

● 세금 횡령이 기록된 국세청 장부

세금에 진심인 아이들

/

'왜 세금으로 간식을 사 먹냐'고 이야기하는 아이들부터 원망스러운 목소리로 '국채도 갚아야 하는데 세금을 막 쓰면 어떻게 하느냐'고 말하는 아이까지 생깁니다. 200미소라는 금액을 썼다는 이야기를 듣고 눈이 휘둥그래지는 아이도 있습니다. 아이들의 반응에 조금 더 뻔뻔하게 나가 보기로 합니다.

선생님(대통령)이 배가 고프면 세금으로 과자를 좀 사 먹을 수도 있지!

조금 섭섭하기도 했습니다. 봉사직으로 일하는 대통령의 자리인데 과자 사 먹은 것으로 이렇게 화를 내다니. 하지만 한편으로는 기뻤습니다. '우리 반 아이들이 아무리 선생님(대통령)이라도 잘못한 일에 대해서는 목소리를 낼 수 있구나.' 누군가는 이런 모습을 보고 예의 없다고 생각할 수도 있겠지만 저는 그렇게 생각하지 않습니다. 세금을 개인의 만족을 위한 곳에 사용했고 이것은 분명 잘못된 행동입니다. 그리고 잘못을 했다면 직위나 나이에 상관없이 이야기할 수 있어야 하는 것이기 때문이죠. 우리 아이들이 할 말은 할 수 있는 어른으로 성장하길 바랐는데 그 모습을 본 것 같아 기분이 좋았습니다. 그러다 어느 순간 한 아이가 제가 듣고 싶었던 이야기를 했습니다.

세금은, 예를 들어 음식물 쓰레기 처리 비용처럼 국가와 국민을 위한 일에 쓰는 거잖아요.

아침 활동 시간 10분 동안 일어난 일이지만 세금이 잘 사용되고 있는지 확인해야 한다는 것, 잘못한 일에 대해서는 내 목소리를 낼 수 있다는 것을 아이들에게 알려줄 수 있었습니다. 그렇게 횡령사건은 일단락 되었습니다.

우리 반에 이민자가 와요

전학생이 온다면?

학급화폐 활동은 모든 교실에서 이루어지고 있는 활동이 아닙니다. 그렇기 때문에 발생할 수 있는 문제점이 하나 있습니다. 바로 '전학생'이 생겼을 때죠. 학급화폐 활동을 하던 교실에서 다른 학교로 전학을 가는 경우(전출)는 크게 문제가 되지 않습니다. 전학이 예정된 아이가 전학을 가기 전에 자신이 가진 학급화폐를 자유롭게 소비하도록 하면 됩니다. 그리고 남은 금액은 세금으로 환수(혹은 기부)하면 그만입니다. 하지만 전학생이 학급화폐 활동을 하는 교실로 오는 경우(전입)는 이야기가 달라집니다. 학급화폐 활동이 어느 정도 진행된 뒤라면 전학 온 아이 입장에서는 참 난감합니다. 새로운 학교와 새로운 친구들에 적응하기도 바쁜데 학급화폐 활동이라는 것에도 적응해야 하기 때문이죠.

전학생에게 필요한 것

/

학급화폐 활동을 하고 있는 교실에 전학생이 온다면 겪게 될 어려움은 크게 두 가지입니다. 그리고 이 두 가지 어려움은 전학을 오는 시기가 늦을수록 더 크게 다가옵니다. 하나는 정보의 격차입니다. 전학을 온 학생은 학급화폐 활동에 대한 정보가 전혀 없는 상태입니다. 그동안 생활 속에서 자연스럽게 활동을 익힌 학급의 아이들과 달리 단기간에 활동 방법을 이해하고 참여해야 합니다. 체험을 통해 활동 방법을 익히는 것이 아니라 이론을 통해 활동 방법을 익혀야 하는 것이죠.

또 다른 하나는 자산의 격차입니다. 학급화폐 활동은 모두가 0에서 출발합니다. 개인별 차이는 있겠지만 시간이 지나 어느 정도 자산을 축적한 상태입니다. 하지만 전학생은 0에서 시작해야 하죠. 이미 많은 아이들이 앞서가고 있는 상황에서 뒤늦게 출발하는 꼴입니다.

> **tip**
>
> **지원 제도는 미리미리 만들어두세요!**
>
> 학급화폐 활동 상황에서 개인을 지원해야 하는 상황이 발생하기도 합니다. 대표적으로 전학생이 왔을 때가 그렇습니다. 그 외에도 직업을 잃은 아이들에 대한 지원 등을 생각해볼 수도 있습니다. 어떤 방식이든 지원 방법을 정할 때는 사후에 정하는 것보다 사전에 정하는 것이 좋습니다. 지원책을 정하는 시기가 빠르면 빠를수록 좋은 것이죠. 활동 초기에는 모두가 같은 출발 선상에 있지만 시간이 지나며 입장 차이가 생겨나기 때문입니다. 그러므로 누구든 어려운 상황이 생길 수 있는 활동 초기에 지원책들을 정하는 것이 좋겠죠. 나에게도 찾아올지 모르는 이런 상황들이 발생했을 때 어떻게 도와줄 수 있을지 미리 정한다면 아이들이 개인별로 처한 입장 차이로 의견 조율이 어려워지는 상황을 예방할 수 있습니다.

이 두 가지 문제점이 해결되지 않으면 학급화폐 활동을 하고 있는 교실에서 전학생이 소외되는 문제가 발생할 수 있습니다. 그래서 전학생을 위한 지원책들을 마련해두는 것이 반드시 필요합니다.

공무원들이 마련한 전학생 지원 정책

/

26명이었던 학급에 전학을 가는 아이가 2명 생겼습니다. 학교에 또다시 전학생이 온다면 우리 반으로 전학생이 올 차례였죠. 그래서 아이들과 미리 전학생을 위한 지원 방안을 생각해보기로 했습니다. 국회 본회의에서 바로 이야기를 나눌 수도 있었지만 구체적인 방안들을 어느 정도 마련해두고 법을 통과시키는 것이 좋을 것같아 국무회의에서 먼저 이야기해 보기로 했습니다. 국무회의에도 어느 정도 익숙해진 상태라 이번에는 교사(대통령)가 빠진 상태에서 국무총리와 부총리들끼리 국무회의를 진행해보도록 했습니다.

회의는 온라인으로 진행되었습니다. 이때는 어느 정도 국무회의를 여러 번 진행해서 공무원(반장, 부반장)이 회의 진행에 익숙해진 상태였습니다. 그래서 교사 없이 아이들끼리 회의를 진행하도록 했습니다. 교사가 없어도 아이들은 주어진 주제(전학생 지원)에 대한 의견을 적극적으로 내고 또 합의에 이르는 모습을 보여주었습니다. 아이들의 30분 남짓한 회의 결과 다음과 같은 전학생 지원 정책들이 마련되었습니다.

제3회 햇반 국무회의(7/2

전학 오는 친구를 위한 제도 마련

-290미소 지급 월급 평균 250미소 가정 세금 제외 145
-국무총리 컴퓨터를 고쳐야 한다
-직업선택에 우선권을 주자.(처음 한 달)_도우미/보조로 ㅂ
-학급화폐 활동안내: 공무원

● 전학생 지원에 대해 의논하는 국무회의 모습

세금으로 경제적 지원금을 지급한다

가장 먼저 이야기가 나온 것은 자산의 격차에 대한 지원이었습니다. 이미 한 학기 동안 활동이 진행된 상황이었기에 2학기 이후 전학을 오게 될 전학생에게 금전적 지원이 필요하다고 생각한 것이지요. 이 부분에 대해서는 모든 공무원이 동의했습니다. 이후 지원해주는 금액에 대한 논의도 이어졌습니다. 그 결과 한 번 월급을 받을 때 실수령액의 평균금액인 145미소의 2배만큼 지원금을 지급하기로 결정했습니다.

직업을 정할 때 직업 선택에 우선권을 준다

다음으로 또 전학생에게 필요한 것이 무엇일까 아이들은 고민하기 시작했습니다. 그러다 한 아이가 학급화폐 활동 초기에 자신의 경험을 떠올렸습니다. 처음이다 보니 직업 활동 방법이 잘 이해가 되지 않았던 경험을 떠올리고 이런 부분에도 도움이 필요하겠다 생각한 것이죠. 그래서 전학 온 첫 한 달은 원하는 직업의 우선권을 주고 그 직업을 가

지고 있는 친구 옆에서 활동 방법을 배울 수 있도록 해주자는 의견이
나왔습니다.

공무원이 활동에 대한 안내를 해준다

직업 활동은 일종의 수습기간을 제공하기로 했고 그 외에 저축, 투자,
납세 등 학급화폐 활동 전반에 대한 안내도 필요하다는 의견이 나왔습
니다. 이 부분은 교사가 할 수도 있지만 전학 온 친구가 학급에 더 빨리
적응할 수 있도록 아이들이 직접 하는 것이 좋겠다는 의견이 나왔습니
다. 그 결과 공무원 세 친구가 각자 안내해줄 부분을 맡아 하기로 결정
했습니다.

정부에서 발의한 법안 국회 동의 얻기

/

이렇게 정부에서 국무회의를 통해 전학생이 올 경우 어떻게 지원해줄
것인지에 대한 논의를 마쳤습니다. 하지만 이렇게 정해진 지원 법안을
정부 마음대로 통과시킬 수는 없었죠. 그래서 마지막으로 국회의 동의
를 얻는 절차가 필요했습니다.

다음 날 아침 활동 시간에 공무원 중 국무총리(반장)가 대표로 정해진
내용을 발표했습니다. 국회의원의 자격을 갖고 있는 학급 아이들은 전
학생에게 지원이 필요하다는 것에는 모두 동의를 했습니다. 하지만 정

해진 내용에는 반대 의견이 나오기 시작했습니다.

지원 금액이 너무 많은 것 아닌가요?

또다시 국채가 걸림돌이 되었습니다. 아직 갚아야 할 빚이 많았기 때문이죠. 그래서 국무회의에서 정해진 290미소보다 적은 200미소만 지원금으로 지급하기로 했습니다. 지원 금액에 대한 합의가 이루어지자 이후는 일사천리였습니다. 나머지 내용에는 다른 의견이 나오지 않았고 그렇게 전학생을 위한 우리 반의 법이 새로 만들어졌습니다.

우리의 노동권을 지켜줘요

일한 만큼 대가를 제대로 받지 못한다면?

/

초등학교 5학년 1학기 2단원에서 아이들은 '법과 인권'에 대해 공부합니다. 그리고 그중 법의 역할에 대해서 배우는 차시가 있습니다. 그리고 교과서에서 제시하는 법의 역할은 두 가지입니다. 첫 번째 법의 역할은 사회질서 유지입니다. 국민이 안전하고 쾌적하게 살 수 있도록 교통사고, 범죄, 환경오염 등이 일어나지 않도록 하죠. 또 다른 하나는 개인의 권리 보장입니다. 법은 개인의 생명과 재산을 보호해주고 개인 간의 분쟁이 발생했을 때 조정해줍니다. 그리고 법의 역할에 대해 공부하는 차시의 교과서에 이런 삽화가 나와 있습니다. 한 식당의 사장과 종업원이 대화하는 장면인데 사장은 이렇게 이야기합니다.

이번 달은 장사가 잘 안 되었으니 이것만 받아.

삽화에서는 자신이 일한 만큼 정당한 대가를 받지 못하는 장면을 제시하고 있습니다. 기존에 지급하기로 약속한 금액을 지급하지 않은 것이죠. 이 삽화를 보고 교실에서 일을 하고 급여를 받고 있는 아이들도 경험해볼 수 있겠다는 생각이 들었습니다. 그래서 실제로 아이들이 비슷한 일을 겪도록 상황을 구성해봤습니다.

임금체불 사태가 일어나다
/

교과서와 비슷하게 상황을 만들어보았습니다. 하지만 아이들에게 조금 더 불합리한 상황을 만들었죠. 월급명세서에 아이들이 받는 월급을 0원으로 만들었습니다. 하지만 내야 할 비용들은 그대로 두었습니다. 월급은 받지 못하지만 자리임대료, 전기요금, 건강보험료, 급식비 등은 내야 하는 상황이 된 것이죠.

월급날은 항상 설렙니다. 아이들도 마찬가지죠. 이날도 아이들은 기대하는 마음으로 월급명세서를 확인하러 나왔습니다. 하지만 뭔가 이상한 것을 발견한 아이들이 이야기했습니다.

선생님, 이거 실수령액이 전부 다 마이너스 81미소인데요?

네 맞아요. 이번에 여러분이 등교한 날도 얼마 안 되고 일도 별로 많이 안 한 것 같아서 그냥 월급 안 주고 넘어가려구요.

● 임금체불이 발생한 모습

법이 없어 보호받지 못해

/

아이들은 충격에 휩싸입니다. 그러고는 교실이 난리가 났습니다. 여기 저기서 아우성이 일었고 이게 무슨 일인가 월급명세서를 다시 살펴보는 아이들도 있습니다. 그리고 '법을 지키세요'라고 이야기하는 아이들도 있었습니다. 그때 이렇게 대답했습니다.

　우리 반 법에 월급을 제때 줘야 한다는 법은 없는데?

우리 반 법에 월급과 관련된 내용이 없다는 이야기를 듣자마자 아이들이 들고 있던 우리 반 법 조항을 꺼내 살펴보기 시작했습니다. 하지만 어디에도 '월급'과 관련된 내용은 없었습니다.

그렇다면 우리가 법을 만들자!

/

잘못된 행동임에도 관련된 법이 없기 때문에 열심히 일한 대가로 받는 월급을 받을 수 없는 상황이 된 것이죠. 마땅히 받아야 할 내 재산이 보호받지 못하는 상황이 발생한 것입니다. 이때 잠시 아이들과 사회 시간에 배운 법의 역할을 떠올려보았습니다. 그리고 아이들은 우리의 재산이 보호받기 위해서는 관련 법이 필요하다는 것을 깨닫게 되었습니다. 아이들은 우리 반의 국회의원으로서 법을 제안할 수 있으니 이제 이런 생각을 하게 됩니다.

관련된 법을 만들자!

그렇게 만들어진 우리 반 월급 법

/

직접적인 법이 없어 곤란하고 억울한 상황을 겪자 아이들은 더욱 적극적으로 법을 만들기 위해 의논하기 시작했습니다. 월급을 정해진 날제대로 주어야 한다는 내용, 월급날이 학교에 오지 않는 날이면 미리주어야 한다는 내용도 추가했습니다. 그리고 월급을 제때 지급한다는 약속이 담긴 계약서도 만들어야 한다는 내용이 추가됐습니다. 이때 한 친구가 제안된 법의 허점을 발견합니다.

선생님이 계약서를 잃어버렸다고 하면 어떻게 합니까?

아이들이 생각하지 못한 내용이었지만 스스로 또 해결책을 제시합니다.

그럼 계약서를 2장 작성하면 됩니다!

실제로 계약서는 계약당사자가 한 부씩 보관해야 합니다. 하지만 누가 알려주지 않았음에도 아이들은 스스로 합리적인 방법을 찾아냈습니다. 아이들이 우리 생각보다 훨씬 더 합리적으로 생각하고 판단할 줄 아는구나 하는 생각이 들었습니다. 그렇게 수정되고 보완된 우리 반 월급 법이 국회를 통과했습니다.

우리 반 월급 법 내용

제1조 삼다수 월급날
① 회사에서는 월급을 주는 날에 월급을 정확히 준다.
② 월급날이 등교하지 않는 날이면 그 전 등교하는 날에 미리 준다.

제2조 삼다수 월급 계약법
① 회사의 사장은 월급을 제때 주기로 하며 계약서를 2장 쓴다.
② 내용에는 월급날, 월급양, 직업, 이름 등이 들어가야 한다.
③ 맨 밑에는 서명이 들어가야 한다.
④ 만약 제때 주지 않으면 다음 주에 3배로 준다.

저작권료를 지급해요

다른 사람의 저작권 잘 지켜주고 있나요?

/

매년 아이들에게 저작권 교육을 실시하고 있습니다. 창의적 체험 활동 시간에 배정된 저작권 교육 시간이나 교과별로 저작권을 주제로 하는 차시들이 마련되어 있기도 합니다. 저작권이란 문학, 예술 등의 창작물을 만든 사람이 가지는 권리입니다. 그리고 저작권을 가지는 작품을 사용할 때는 저작권 소유자에게 저작권료를 지불해야 하죠.

거의 매 학년 반복해서 저작권 교육이 이루어지고 있고 학교로 찾아오는 저작권 교육도 많기 때문에 아이들은 저작권의 의미, 저작권을 지켜야 하는 이유, 저작권을 지키기 위한 행동들을 잘 알고 있습니다. 그렇다면 여기에서 한 단계 더 나아가 보는 건 어떨까요?

아이들의 창작물에 저작권을 갖도록 하자!

/

그동안의 저작권 교육은 타인의 저작권을 잘 지켜야 한다는 방향으로 이루어져 왔습니다. 그래서 함부로 저작권이 있는 음악, 영상, 사진 등을 어딘가에 게시하거나 다운로드 받으면 안 된다는 내용으로 교육이 이루어지죠. 그렇다면 만약 아이들이 자신의 창작물에 대한 저작권을 갖도록 한다면 어떨까요? 나의 저작권을 가지고 있다면 저작권을 잘 지켜야 하는 이유에 대해 더 잘 이해할 수 있을 것 같다는 생각이 듭니다. 나의 저작권도 잘 보호받길 원하는 것처럼 다른 사람의 저작권도 잘 지켜야겠다는 역지사지를 경험할 수도 있겠죠.

우리 반에서 찾아볼 수 있는 창작물들

/

저작권은 창작물에 대해서 저작자가 가지는 권리입니다. 아이들에게 저작권을 주기 위해서는 이 창작물이 필요한데, 교실에서 아이들의 창작물을 찾는 것은 그리 어려운 일이 아닙니다. 교실 게시판만 보아도 아이들이 직접 만들어낸 여러 창작물을 쉽게 볼 수 있습니다. 어느 교실이든 미술 시간에 만든 그림 작품이나 만들기 작품, 요일을 표시하기 위해 만든 요일 작품, 국어 시간에 만들어 게시해둔 기행문 등이 있습니다. 이 창작물에 저작권을 인정하고 아이들에게 저작권료를 지급해보는 건 어떨까요? 물론 학급화폐 활동을 하고 있으니 학급화폐로 지급하는 것이죠. 한 달 게시하는 비용으로 일정 금액을 지급하거나 최초에 게시할 때 한 번 저작권료를 지급할 수 있습니다.

● 교실에 게시되는 아이들의 창작물

삼다수 저작권료 지급 안내

※ 내가 창작한 '저작물'을 게시판 등에 활용할 때에 저작권료를 지급할 예정입니다.
(4월 15일부터/주말 방학은 제외)

내용	저작권료	비고
교실 앞쪽 게시판 및 칠판	일주일에 10미소	
교실 뒤쪽 게시판 및 교실 벽면	일주일에 3미소	칭찬고래/손바닥은 최초 1회 5미소씩 제공
요일 작품	한 번에 5미소	
내 저작물로 2차 저작물을 만들 경우 (책자, 깃발 등)	한 번에 20미소	
〈세금 내는 아이들〉 유튜브에 활용할 경우(일기, 작품 등)	한 번에 25미소	- 단, 촬영 중 배경으로 비치는 저작물은 해당되지 않음. - 사진, 영상 등으로 해당 저작물을 보여주기 위한 영상을 제작할 때에만 해당됨.

● 저작권료 지급 안내문

기본 소득 역할을 하는 저작권료

/

아이들에게 저작권료를 지급하는 것은 저작권 교육의 목적이 첫 번째 이지만 학급화폐 활동 상황에서 또 다른 효과를 내기도 합니다. 바로 교실 내에서의 기본 소득 역할을 하는 것이죠.

만약 아이들에게 사용 기간에 따라 저작권료를 지급한다고 생각해봅 시다. 항상 게시판에 모든 아이들의 작품이 게시되어 있으므로 매번 저작권료를 일정 금액 받게 될 것입니다. 직업을 갖고 있는지 없는지 의 여부와 상관없이 말이죠. 교실에 학생 수가 직업 수보다 많아 의지 와 상관없이 직업을 갖고 있지 못한 경우 월급날 내야 하는 각종 비용 들(자리임대료, 전기요금, 건강보험료 등)이 부담이 될 수 있습니다. 이때 저 작권료가 기본 소득 역할을 해서 필수적으로 내야 하는 세금에 대한 부 담을 줄여줄 수 있는 것이죠.

저작권료는 월급명세서에 함께 기록해 지급하면 됩니다. 소득이기 때 문에 당연히 소득세율에 따른 세금도 함께 내게 됩니다.

저작권료 외에도 국회의원 수당을 만들어 기본 소득 역할을 하도록 할 수 있습니다. 갖고 있는 직업과 별개로 교실에서 국회의원으로서의 역할은 무조건 하기 때문이죠. 월급날이 되기 전 법안 발의를 한 번 이상했다면 국회의원 수당을 지급하는 것으로 설정할 수 있습니다. 발의 횟수와 상관없이 같은 금액으로 지급하도록 합니다. 이 방법을 사용하면 기본 소득 역할뿐만 아니라 국회 활동이 활발해지도록 하는 효과도 얻을 수 있습니다. 학생수가 26명이라면 한 달에 한 명이 한 번씩만 법안을 발의해도 26개의 법안이 발의됩니다.

4부

수업의 재료가 되는
학급화폐 활동

수업 시간에 학급화폐 활용하기

수업의 소재로 활용되는 학급화폐 활동

학급화폐 활동은 교육과정과 별개로 이루어지는 경제, 정치, 사회 공부를 위한 활동입니다. 그래서 쉬는 시간, 점심 시간 등 정규수업 시간 이외의 시간에 이루어집니다. 국어, 수학 등의 교과와 별개로 이루어지는 활동인 것이죠. 이와 동시에 학급화폐 활동은 아이들의 학교생활 속에 자연스럽게 녹아들어 1년간 이어지는 활동입니다. 아이들의 삶의 일부가 되는 것이죠. 이러한 특징을 갖고 있기 때문에 학급화폐 활동의 다양한 내용들을 여러 과목에서 수업의 소재로 활용하기도 좋습니다. 이번 장에서는 실제로 교과 수업 시간에 학급화폐 활동을 소재로 하여 학급화폐 활동과 교과를 연계해 이루어진 수업 사례를 소개하고자 합니다.

가장 연관 있는 과목, 사회

/

학급화폐 활동과 가장 직접적으로 연관 있는 과목은 사회교과입니다. 학급화폐 활동의 중심 활동인 '경제'와 관련해서는 4학년과 6학년에서 학습하게 됩니다. 하지만 학급화폐 활동에서의 경제교육이 개인의 금융생활에 초점을 맞추어 소득, 소비, 저축, 투자 등의 활동으로 이루어진다면 교과서 속 경제교육은 지역, 가계와 기업, 국가에 대한 다소 거시적인 관점에서의 경제교육이 이루어집니다. 그래서 아이러니하게도 사회교과의 경제 단원에서는 학급화폐 활동을 소재로 수업에 활용하기가 쉽지 않습니다.

오히려 5학년 1학기 2단원에서 배우게 되는 '법과 인권'에 대한 내용, 6학년 1학기 1단원에서 배우게 되는 '정치'관련 단원에서 학급화폐를 소재로 활용해 사회수업을 진행하기에 좋습니다.

학급화폐 활동으로 법 교육하기

/

학급화폐 활동에서 아이들이 5학년 1학기 법 단원과 관련해서 배우게 되는 내용에는 여러 가지가 있습니다.

먼저, 법을 바꿀 수 있다는 것을 알게 됩니다. 법이란 사회의 변화에 맞지 않을 경우, 인권을 침해할 경우 바뀌기도 합니다. 시간이 지남에 따라 내용이 변화하는 것이죠. 아이들은 1년 동안 학급화폐의 국회 활동을 하며 법이란 변화해간다는 것을 자연스레 배우게 됩니다. 물론 법이 만들어지고 없어지는 과정과 절차도 학습할 수 있습니다. 법안의 발의, 본회의, 표결, 공표 등의 과정이 교실 속에서 그대로 이루어지고 있습니다.

도덕과 법을 구별하는 것도 직접 해볼 수 있습니다. 우리 반의 문제 상황을 모두 법 조항으로 만들지는 않습니다. 어길 경우 제재를 받는, 즉 강제성이 있는 법과 우리 반 친구들이 양심에 따라 지켜야 할 내용을 구분해보고 법 제안을 하도록 하는 것이죠.

학급화폐 활동으로 정치 교육하기

/

사회교과서에서는 삼권분립에 대해 글로 배웁니다. 하지만 학급화폐 활동을 통해 직접 정부, 국회가 어떤 일을 하는지 경험해볼 수 있습니다. 정부가 우리나라의 살림을 한다는 것, 국회가 법을 만든다는 것을 암기하는 것이 아니라 직접 체험하는 것이죠. 그리고 삼권분립을 통해 국가 기관이 서로 권력을 나누어 갖고 견제한다는 것 또한 경험할 수 있습니다. 정부에서 법에 맞게 살림을 잘하고 있는지 예산을 잘 사용하는지 확인하는 것, 국회가 만들어낸 법에 대통령이 거부권을 행사하는 것 등의 상황이 학급화폐 활동에서는 실제로 발생하기 때문입니다.

학급화폐 활동에 법원이 없는 이유

/

삼권분립은 국가 권력이 한곳에 집중되지 않도록 하기 위한 것으로 행정부인 정부, 입법부인 국회, 사법부인 법원으로 구성되어 있습니다. 이 중 행정부와 입법부 활동은 학급화폐 활동에 구성되어 있습니다. 하지만 학급화폐 활동에는 국가 기관 중 사법부에 해당하는 '법원'이 존재하지 않습니다.

활동을 구상하던 초기에는 사법부 활동을 위해 우리 반 법원을 만드는 구상을 했습니다. 우리 반의 법이 존재하니 이를 바탕으로 법원 활동이 이루어질 수 있을 것이라 생각한 것이죠. 우리 반 법의 내용으로 사법시험을 실시하고 판사, 검사, 변호사라는 직업도 만들면 좋겠다고 생각했습니다. 직업으로서 존재하니 당연히 월급도 받게 되겠죠. 그리고 교실에서 어떠한 문제가 발생했을 경우 교사가 잘잘못을 가리는 것이 아니라 아이들이 스스로 법에 근거해 잘못에 대한 판단을 내릴 수 있도록 하는 교실을 생각했습니다. 잘못을 해서 피고인 신분이 된 아이는 학급화폐로 변호사를 고용하기도 하면 재미있지 않을까 하는 생각이 들었습니다. 하지만 결국 이러한 활동은 학급화폐 활동에 도입하지 않기로 했습니다. 법원 활동을 학급화폐 활동에 도입하지 않은 데에는 몇 가지 이유가 있습니다.

첫 번째 이유는 시간이 너무 많이 필요한 활동이라는 것입니다. 실제로 재판이 이루어질 경우 짧으면 몇 개월 길면 몇 년의 시간이 걸립니다. 아무리 교실 속 재판을 간단하게 진행한다 하더라고 기본적인 시간이 많이 소요될 것입니다. 거기다 학급에서 일어나는 모든 문제 상황에 재판을 열 수도 없죠. 기본적으로 이루어지는 학급화폐 활동들도 많은데 여기에 재판 활동까지 지속적으로 이루어지도록 하는 것은 어려워 보였습니다.

두 번째 이유는 재판 결과로 인해 아이가 낙인찍히는 부작용이 있을 수 있다는 것입니다. 교실 속에서 재판이 이루어지고 판결이 난다면 그 아이는 법을 어겼다는 인증을 받게 되는 것이나 다름없습니다. 다른 아이들이 유죄선고를 받은 아이를 낙인찍을 위험성이 너무 높아 보였습니다. 그래서 이 영역은 교사의 영역으로 남겨두어야겠다고 판단했습니다.

학급화폐를 활용해
학부모 공개수업 하기

여행 상품 만들기 수업

/

국어 현장체험 일정 짜보기 차시, 사회교과의 세계 여러 나라의 자연과 문화에 대해 알아보기 단원을 재구성하여 '여행 상품 만들기' 활동을 하는 경우가 종종 있었습니다. 아이들이 여행사 직원이 되어 2박 3일 정도의 여행 일정을 짜고 상품을 홍보하고 상호 평가까지 하는 것으로 이어지는 활동이었죠. 아마 많은 교사들이 하고 있는 활동일 것입니다.

하루는 수업 진도를 살펴보다 마침 학부모 공개수업 시기가 아이들이 6학년 2학기 1단원 여러 나라의 자연과 문화 단원을 마무리하는 시기와 비슷하다는 것을 알게 되었습니다. 단원을 마무리하며 여행 상품 만들기를 할 계획이었기에 이 활동을 학부모 공개수업 때 해보면 좋겠다는 생각을 했습니다. 아이들이 만든 여행 상품을 참관하는 부모님 앞에서 발표하고 부모님이 직접 평가에도 참여할 수 있도록 하는 것이죠.

학급화폐를 공개수업 때 활용하기

처음 계획은 아이들의 여행 상품 발표를 들은 뒤 그중 마음에 드는 여행 상품에 부모님들이 스티커로 투표하는 것이었습니다. 그렇게 활동이 이루어지도록 수업을 준비하다가 아이들이 여행사 직원이 되어 여행 상품을 준비해 홍보하는 것이라면 부모님들이 여행 상품을 구매하는 것으로 설정하면 어떨까 하는 생각이 들었습니다. 그런데 학급화폐를 수업 활동에 대한 보상으로 활용하지 않는다는 원칙이 있기에 고민이 됐습니다. 하지만 여행사 직원이 되어 판매할 여행 상품을 마련하고 홍보를 통해 여행 상품을 판매해 소득을 얻는 일종의 사업 활동으로 볼 수도 있을 것 같았습니다. 그래서 1년 중 유일하게 교과수업 활동으로 학급화폐를 벌 수 있는 시간으로 마련해보기로 했죠.

모둠별로 여행 상품 준비하기

공개수업이 있기 전 아이들에게 미리 공개수업 내용을 공지했습니다. '6개 조가 있었기에 6개 대륙 중 하나를 정하고 대륙의 여러 나라를 여행하는 상품을 직접 만들고 홍보하는 수업을 할 것이다. 그리고 공개수업에 참여한 부모님들이 여러분의 여행 상품 중 마음에 드는 상품을 구매할 것이다. 여러분이 판매한 여행 상품만큼 벌어들인 학급화폐는 여러분이 갖게 될 것이다.' 아이들의 눈이 초롱초롱 빛나기 시작했습니다.

모둠별로 대륙을 정하고 여행 상품을 만들기 시작했습니다. 종이에 여행 상품 홍보지를 만드는 모둠부터 홍보영상을 제작하는 모둠까지 각자 준비한 여행 상품을 많이 판매하기 위해 방과 후에도 교실에 남아 열심히 여행 상품을 준비했습니다.

모둠별로 여행 상품 홍보하기

/

공개수업 당일. 아이들은 모둠별로 자리를 잡고 여행 상품 홍보 준비를 했습니다. 그리고 수업이 시작된 뒤 이번 수업에서 부모님들이 구매한 여행 상품만큼 아이들이 학급화폐를 벌게 될 것이라고 안내했습니다. 그리고 한 모둠당 4분씩 6개 타임으로 나누어 24분 동안 부모님들이 모든 모둠의 여행 상품에 대한 안내를 들을 수 있도록 했습니다. 아이들은 자신의 여행 상품을 판매하기 위해 자신의 모둠을 찾은 부모님들에게 열정적으로 여행 상품을 홍보하기 시작했습니다.

마음에 드는 여행 상품 구매하기

/

여행 상품 홍보를 모두 마친 뒤 부모님들에게는 미리 준비해둔 30미소 지폐 3장씩을 나누어주었습니다. 용돈기입장을 활용해 학급화폐 활동을 하고 있었지만 이번 수업을 위해 디자인하고 인쇄도 미리 해두었죠. 참관한 부모님들에게 이 3장의 지폐를 마음에 드는 여행 상품을 만든 세 모둠의 바구니에 한 장씩 넣어달라고 안내했습니다.

공정하게 나누기

/

공개수업이 5교시에 이루어졌기 때문에 6교시 수업이 남아있었습니다. 이날 6교시 수업은 미리 도덕 수업으로 준비해두었습니다. 6학년 도덕 4단원이 '공정한 생활' 단원인데, 이날을 위해 5단원과 4단원의 수업을 바꿔 진행했습니다. 모둠별로 여행 상품을 판매해 번 돈을 모둠원끼리 어떻게 나눌지 의논해보도록 하기 위해서였죠. 공정이란 무엇인지 이미 배운 뒤였기에 이제는 배운 내용에 따라 우리 모둠의 기준을 정해 얻은 수익을 공정하게 나누기만 하면 되는 시간이었습니다. 아이들은 여행 상품을 준비하며 각자 맡은 역할에 따라 수익에 차등을 두어 나누기 시작했습니다. 어떤 모둠은 발표를 한 사람에게 수익을 더 주기도 하고, 어떤 모둠은 자료를 만든 사람에게 수익을 더 주기도 했습니다. 역할 분배를 할 때 이미 고르게 나누었다며 수익을 정확히 인원

수만큼 나누어 가지는 모둠도 있었습니다. 이 기준에는 정확히 정해진 정답이 없었기에 모둠별로 자유롭게 의논해서 정한 기준에 따라 수익을 나누어 갖도록 하였고 해당 금액만큼을 아이들의 학급화폐 통장에 입금해주었습니다.

글쓰기의 좋은 재료가 되는
학급화폐 활용하기

학급 뉴스와 신문 만들기

/

국어교과 시간에도 학급화폐를 다양하게 활용할 수 있습니다. 그중 대표적인 것이 6학년 2학기 6단원의 '뉴스 만들기' 활동입니다. 뉴스 만들기는 재미있는 활동인 동시에 아이들이 어려워하는 활동이기도 합니다. 특히 뉴스의 주제를 찾는 데부터 어려움을 겪는 경우가 많습니다. 이때 조금은 지루할 수 있는 주제의 뉴스 대신 학급화폐 활동을 하며 직접 경험한 일을 활용하면 좋겠다는 생각이 들었습니다. 1년 동안 학급화폐 활동을 하며 있었던 크고 작은 사건 사고를 떠올려보도록 했고 다음과 같은 주제들이 정해졌습니다.

• 대통령 세금 횡령사건

• 코로나19로 일자리를 잃은 일

• 투자에 참여한 사람들의 이야기

• 코로나19로 장사가 잘되지 않는 이야기

주제가 정해지자 이후의 과정은 일사천리로 진행되었습니다. 역할 분배와 대본 작성, 촬영까지 순조롭게 이루어졌습니다. 촬영은 모둠별로 진행하되 편집은 교사가 하기로 했습니다. 그 결과 그럴듯한 우리 반의 뉴스가 완성되었습니다.

● 아이들과 함께 만든 햇반 뉴스

뉴스뿐만 아니라 학급신문을 만드는 수업에도 학급화폐 활동에서 있었던 일들을 활용할 수 있습니다. 학급신문의 경우 수업 이후 주기적으로 발행해 원고료 등을 지급하는 활동으로 이어갈 수도 있습니다. 혹은 기자, 신문 편집자 등의 직업을 새로 만들 수도 있습니다.

화장실 법이 노력 끝에 수정 되다

삼다수 법 제안에서 가장 요청이 많았던 화장실 법이 노력 끝에 수정되었다. 화장실 법이 수정되기 전까지는 수업시간에 오줌이 마려워도 가지 못해 국민들의 불편함이 있었다. 국민들이 불편함을 겪자 몇몇 삼다수 국회의원들이 화장실 법을 수정하자고 제안했다. 그래서 3회 삼다수 국회 본회의 때 거의 만장일치로 화장실 법이 수정되었다. 이 법이 얼마나 국민들에게 잘 쓰일지 기대가 된다.

000 기자

삼다수 신문

제2호 2021년 4월 19일

삼다수에 비극이 생기다

요즘 코로나-19가 더 심해지자 정부에서 거리두기 단계를 더 올려 학교를 일주일에 1번 밖에 안 오게 되었다. 그래서 없어진 직업이 생겼다. 바로 급식 도우미, 환경미화원, 그리고 신용평가위원회이다. 이 세 직업은 학교에 자주 올 때 잘 일할 수 있는데 학교에 별로 안 오니 할 일이 없어져 없어졌다. 급식 도우미는 완전히 사라진 게 아니라 알바 형식으로 운영한다고 한다.

이 세 직업을 잃은 삼다수 국민들은 슬퍼했다. 돈을 못 벌게 되었기 때문이다. 하지만 그렇다고 해서 돈을 못 버는 것은 아니다. 기사를 써서 원고료를 받을 수도 있고 새로운 직업을 만들어 자신이 제일 먼저 그 직업을 선택할 수 있기 때문이다. 실제로 급식 도우미였던 삼다수 국민 오준호 씨는 '경찰'이라는 새 직업을 만들어 실업자에서 벗어났다. 그래서 실업자가 되었다고 해서 너무 스트레스 받지 않아도 된다. 돈을 벌 수 있는 방법은 많기 때문이다. 하루 빨리 코로나 거리두기 단계가 내려가 모든 삼다수 국민이 제 일자리를 찾으면 좋겠다.

기자

● 아이들과 함께 만든 삼다수 신문

주장하는 글쓰기

/

주장하는 글쓰기, 즉 논설문은 국어 수업에 등장하는 단골 소재입니다. 주장하는 글은 서론, 본론, 결론의 구조를 갖는데, 이 중 서론에서는 문제 상황 제시와 주장을, 본론에는 근거와 뒷받침 문장을 적습니다. 결론에서는 내용 요약과 주장을 다시 한 번 강조하는 내용이 들어가죠. 하지만 실제로 수업을 해보면 이 구조로 글을 쓰는 것을 어려워하는 아이들이 상당히 많다는 것을 알 수 있습니다. 들어가야 할 내용을 나누어 틀을 제공하기도 하고 다시 쓸 수 있도록 첨삭을 해주기도 하지만 아직도 어려워하는 아이들이 많습니다. 하지만 수업 진도를 나가야 하기에 마냥 주장하는 글쓰기에 시간을 쏟을 수 없는 것 또한 현실입니다. 그렇다면 생활 속에서 주장하는 글을 쓸 수 있는 기회를 많이 가질 수 있도록 해야겠다는 생각이 들었습니다.

주장하는 글쓰기도 학급화폐 활동에서 이루어지는 활동에 적용시킬 수 있습니다. 바로 우리 반의 법을 만들고 없애고 수정하는 '국회 활동'이 그것입니다. 국회 활동에서는 우리 반의 특정 문제를 해결하기 위한 법을 제안하고, 제안한 법을 본회의에서 발표하는 과정을 거치죠. 이때 발표하는 내용이 바로 주장하는 글쓰기와 같은 구조를 가집니다. 그래서 아이들이 법 제안을 할 때 주장하는 글의 구조에 따라 제안할 수 있도록 하는 양식을 마련해 주장하는 글쓰기 경험을 많이 할 수 있도록 했습니다.

삼다수 법 개정 / 제정 / 삭제 제안문

인사말	안녕하세요? 삼다수 국회의원 (　　　　　)입니다.	
문제 상황	삼다수 나라에　　　　　　　　　　　　　　문제가 있습니다.	
제안하는 내용 (수정, 삭제, 제정 중 하나 선택)	수정	저는 삼다수 법 제(　　)조 (　　)항의 (　　　　　　　　　　)라는 내용을 (　　　　　　　　　　)로 수정해야 한다고 생각합니다.
	삭제	저는 삼다수 법 제(　　)조 (　　)항의 (　　　　　　　　　　)라는 내용을 삭제해야 한다고 생각합니다.
	제정(만들기)	저는 삼다수 법에 (　　　　　　　　　　)라는 법을 만들어야 한다고 생각합니다.
제안하는 근거 1	근거 1	그 이유는 첫째,
	뒷받침 문장	
제안하는 근거 2	근거 2	둘째,
	뒷받침 문장	
제안하는 근거 3 (생략 가능)	근거 3	셋째,
	뒷받침 문장	
결론	그러므로　　　　　　　　　　　　　　해야 합니다.	

● 주장하는 글의 구조를 갖는 법 제안문 예시

에
필
로
그

지금까지 이 책에서 다룬 학급화폐 활동은 경제·금융교육을 위한 활동으로 구상했습니다. 하지만 그 외에 정치, 저작권, 진로교육 등 다양한 영역으로도 확장할 수 있습니다. 그렇다고 이 책에서 소개한 모든 활동을 교사가 교실에서 그대로 적용할 필요는 없습니다. 내가 진행하고 소개하는 학급화폐 활동을 무조건 옳은 활동으로 바라보지 않았으면 합니다. 아이들의 수준에 따라, 학교 환경에 따라, 교사의 판단에 따라 다양한 방법으로 변형해보고 추가하며 우리 반에 맞는 활동으로 구상해 나가는 것이 좋지 않을까 생각합니다.

지금까지 진행해본 학급화폐 활동을 통해 아이들이 경제와 금융에 친숙해진다는 효과가 있었습니다. 하지만 그것보다 더 큰 목표로 삼고 있는 것은 아이들과 교사가 생활하는 교실이 지금보다 즐거운 일이 많이 일어나는 곳이 되었으면 좋겠다는 것입니다. 중학교, 고등학교보다는 입시에 대한 부담이 덜한 초등학교 시절 아이들이 학교에서 즐거운 추억을 많이 남겼으면 좋겠습니다. 더불어 아이들과 교사가 함께 추억을 만드는 데 이 책에서 소개한 학급화폐 활동이 조금이나마 도움이 되었으면 하는 바람입니다.

학급화폐 활동을 시작한 이후로는 아이들이 즐겁게 학교를 다닌다는 이야기를 참 많이 듣습니다. 교사로서 이보다 더 뿌듯한 일이 있을까요? 그리고 아이들뿐만 아니라 교사도 이 활동이 학교생활의 활력소가 됨을 느끼고 있습니다. 여러 활동을 준비하고 적용하며 기대감을 갖고 생활하는 자신의 모습을 발견하게 될지도 모릅니다.

항상 즐거운 교실에서 많은 추억들을 남기며 아이들과 지내길 바라겠습니다.